«VARIA»

Nadia Tempest

10 COSE CHE NON AVRESTI *mai* PENSATO DI FARE

Sperling & Kupfer

Le immagini di questo volume sono di Shutterstock tranne: pp. 26, 32, 52-53, 78, 82, 85, 94, 100, 105, 114, 131, 134, 140, che sono dell'autrice, e pp. 144-145, 147, 150 © Paky78.

Progetto grafico e impaginazione a cura di Amelia Verga.

Realizzazione editoriale a cura di studiobajetta.

10 COSE CHE NON AVRESTI MAI PENSATO DI FARE

ISBN 978-88-200-6089-3

I Edizione settembre 2016

Anno 2016-2017-2018 - Edizione 2 3 4 5 6 7 8 9 10

Nadia Tempest

A mio marito, che avrei voluto conoscere molto prima. Mi avrebbe fatto risparmiare tante fregature ma, probabilmente, non sarei riuscita ad apprezzare la bellezza che ha portato nella mia vita.

Ai miei amici più sinceri, perché sanno chi sono davvero e mi permettono di essere sempre me stessa in ogni situazione. Mi rendete libera.

A tutta la mia famiglia, compresa quella che ho ricevuto in dono da cinque anni a questa parte. Siete il mio più grande orgoglio.

A chi ha lavorato con me per realizzare questo piccolo grande sogno in formato cartaceo. Grazie per la fiducia che avete riposto in me e per la pazienza che avete avuto nell'ascoltarmi.

A tutti quelli che mi hanno conosciuta sul web e mi supportano in ogni situazione. È solo grazie a voi che mi è possibile dedicare questo libro a qualcuno. Se non ci foste voi non ci sarebbe Nadia Tempest. In questo libro troverete la Nadia che seguite su internet e quella che non avete mai conosciuto. Ogni parola è stata pensata per trasmettervi una parte di me, dalla più frivola alla più profonda. Grazie di esserci sempre, non lo dimenticherò.

INDICE

1

MI HANNO FRIENDZONATA!

La friendzone è una di quelle tipiche cose che possono capitare solo agli stupidi. O almeno, questo è quello che pensi finché non ci finisci dentro. Quando ti trovi nel vortice delle tue emozioni e non pensi ad altro che a lui, alla persona che ti piace, credi che la friendzone non possa esistere. Un po' come Ariana Grande che canta un pezzo heavy metal. Impossibile. I tuoi sensi si rifiutano di percepirlo. E invece c'è. No, non Ariana Grande che canta *Fear of the Dark* degli Iron Maiden, ma la friendzone! È una trappola perfetta che scatta quando meno te l'aspetti. E arriva, soprattutto, perché sei tu a volerci finire

La friendzone esisteva anche negli anni Novanta. Noi la chiamavamo

dentro, a ignorare tutti i segnali che quella persona ti manda per dirti: «Ti vedo solo come un'amica».

La friendzone esisteva anche negli anni Novanta, eccome se esisteva! Solo che non si chiamava così. La chiamavamo «Due di picche», oppure «Meglio così, avremmo solo rovinato la nostra amicizia». E anche se il nome non era lo stesso, la bastonata al cuore arrivava con la stessa forza e, purtroppo, parlo per esperienza personale!

La storia è, più o meno, questa. Frequentavo la terza media ed ero la tipica ragazzina che passava inosservata, timida, silenziosa e insicura. A scuola studiavo quanto bastava, ero la classica del «può dare di più» ai colloqui. In classe mi annoiavo, forse perché stavo molto fra me e me o, forse, perché non succedeva mai niente di interessante. Le cose cambiarono quando i nostri professori decisero di mutare la disposizione dei banchi perché gli alunni della mia classe chiacchieravano troppo. Fu così che Davide divenne il mio compagno di banco. Ero una persona che i ragazzi li evitava proprio, non mi ero mai innamorata e non avevo dato neanche il primo bacio. Di colpo, mi ritrovai a passare la maggior parte del mio tempo con un ragazzo. Ne vogliamo parlare?

Intendiamoci, con Davide non è stato un vero e proprio colpo di fulmine. Superato l'imbarazzo iniziale, eravamo diventati due compagni di classe

Roma. Tre giorni. Dormire insieme ai nostri compagni, fuori senza i nostri genitori, cose da grandi, insomma.

che studiavano assieme, facevano le ricerche e si sentivano per i compiti di scuola. Qualche volta, andavo a studiare da lui oppure era lui a venire da me.

Certo, ogni tanto c'era una telefonata in più, ma il nostro era un rapporto d'amicizia e nient'altro. Però, i mesi passavano e sentivo che lentamente la nostra amicizia si stava trasformando in qualcosa di diverso. Davide mi aveva aperto le porte del suo mondo, condivideva i suoi giorni con me, mi aveva mostrato la sua stanza dandomi importanza e considerazione. Parlavo con lui e lo sentivo sempre più vicino. Avevo qualcuno con cui passare i pomeriggi, qualcuno da chiamare e con cui chiacchierare.

E in quel momento, ricevere attenzioni era per me una cosa importantissima. Insomma, non lo davo a vedere ma, arrivata la primavera, ero completamente cotta di lui. E ad aprile ci sarebbe stata anche la gita scolastica che, per noi, era come un evento mitologico. Roma. Tre giorni. Dormire insieme ai nostri compagni, fuori senza i nostri genitori, cose da grandi, insomma! Per me, la gita rappresentava il momento della verità: avevo l'occasione per gettare la maschera e dichiararmi.

Ricordo la sveglia prestissimo, l'appuntamento di fronte alla scuola e il pullman che ci aspettava. I professori avevano deciso che dovevamo rispettare i posti che avevamo in classe, così mi ritrovai seduta accanto a lui per tutto il viaggio. E, rispetto alla scuola, le cose erano diverse perché parlavamo un sacco, eravamo più sciolti, rilassati, stavamo entrando sempre più in confidenza.

Mi ricordo la sera, in hotel. Nelle stanze i ragazzi erano, ovviamente, separati dalle ragazze e i professori

Parlavamo un sacco, eravamo più sciolti, rilassati, stavamo entrando sempre più in confidenza.

facevano la ronda notturna nei corridoi. Ero in camera con le altre mie compagne e mi confidai con un'amica parlandole dei miei sentimenti per Davide. Anche lei mi confermò che era il momento di fare qualcosa e, così, progettai un piano. Avrei aspettato l'ultima serata, quella della festa in discoteca. Non era una vera e propria discoteca, devo ammetterlo, era più una grande sala affittata dai professori per l'occasione.

Ballavo con le mie amiche e lo guardavo. Era bello. Parlava con i suoi amici, sorrideva.

Ma, ai miei occhi, era come il *Cocoricò* di Riccione. Lì, mi sarei dichiarata. Era l'ultimo anno delle medie, eravamo quasi alla fine e quella sarebbe stata la mia unica chance.

Così, fra una passeggiata a Piazza San Pietro e un gelato in Piazza del Popolo, la sera arrivò. Cercai di farmi il più carina possibile, vestendomi in maniera più accurata del solito ma senza far mancare i jeans che, già in quel momento, erano la mia seconda pelle. E via. Ballavamo tutti insieme, le casse mandavano le hit di quegli anni. *L'amour toujours* di Gigi D'Agostino era il pezzo dance più famoso di quel periodo. E poi, gli Eiffel 65, Gabry Ponte, che ricordi! Ballavo con le mie amiche e lo guardavo. Era bello, parlava con i suoi amici e sorrideva. Così, mi avvicinai a lui: «Andiamo a bere qualcosa insieme?» Accettò e andammo a bere il nostro drink, rigorosamente analcolico. Il momento era arrivato. Un sorso di Coca-Cola, un respiro profondo e mi buttai: «Senti Davide, ma se quando torniamo a Foggia andiamo a prendere una cosa da bere un pomeriggio, insieme?» Glielo dissi tutto d'un fiato. Era la prima volta che chiedevo una cosa del genere a qualcuno. Lui mi guardò e alzò le spalle, aveva un'espressione enigmatica ma si capiva che era spiazzato.

Accettò, dopodiché finì lì e, per me, era già tantissimo! Feci il viaggio di ritorno piena di emozioni, pensavo a come sarebbe stato il nostro – se così si poteva chiamare – appuntamento. Il giorno dopo, in classe, aspettavo che fosse lui a invitarmi. Non mi sembrava il caso di chiedere nuovamente, non volevo sembrare quella che ci teneva troppo. Ma i giorni passavano, lui non mi chiedeva niente e avevo sempre più paura a parlargliene di nuovo perché, forse, non volevo sentirmi dire che aveva cambiato idea.

Passò ancora qualche giorno senza risposte e, così, decisi che avrei dovuto prendere in mano

...andiamo a prendere una cosa da bere un pomeriggio, insieme?

la situazione. Trovai il suo diario, lo sfogliai e andai al sabato successivo. Su quella pagina scrissi: «Ore 16, uscire con Nadia». Poi, gli restituii il diario e gli dissi: «Guarda, qui hai un appuntamento». Sono passati quindici anni, ma mi vergogno ancora a pensarci! Fui audace e la cosa funzionò perché fece una risata e accettò.

Quel sabato pomeriggio ci incontrammo di fronte alla chiesa dove, fino all'anno prima, ero andata a catechismo. Ci sedemmo in un bar lì vicino, lui ordinò due succhi di frutta. Eravamo entrambi un po' rigidi. Ci vedevamo ogni giorno, ormai da mesi, ma era come se ci fossimo incontrati per la prima volta. Parlammo delle interrogazioni, del compito in classe che avremmo avuto a breve. Poi, quell'imbarazzo iniziale sparì e lui si avvicinò a me, come per dirmi un segreto: «Senti», mi confidò, «mi devi dare un consiglio da donna. Hai presente Laura, la nostra compagna di classe? Mi piace troppo. Che faccio, le scrivo un messaggio?»

«Senti», mi confidò, «mi devi dare un consiglio da donna.»

Booom. Fulmine a ciel sereno. Con me a fare da parafulmine. D'accordo, non ti piaccio, questo l'avevo già capito. Ma davvero sei qui a parlarmi di un'altra ragazza?!? pensai. Ero delusissima, mi sentivo una stupida. La mia autostima passò di colpo da +1 a -34. Mi ero illusa inutilmente. Naturalmente, non glielo feci notare minimamente e risposi con calma e nonchalance dandogli anche dei consigli. «Fatti avanti», gli dissi. «Prova a parlarle e vedi come si comporta.» Ma la cosa non finì lì, mi chiese persino di sondare il terreno per lui. E io,

La mia autostima passò di colpo da

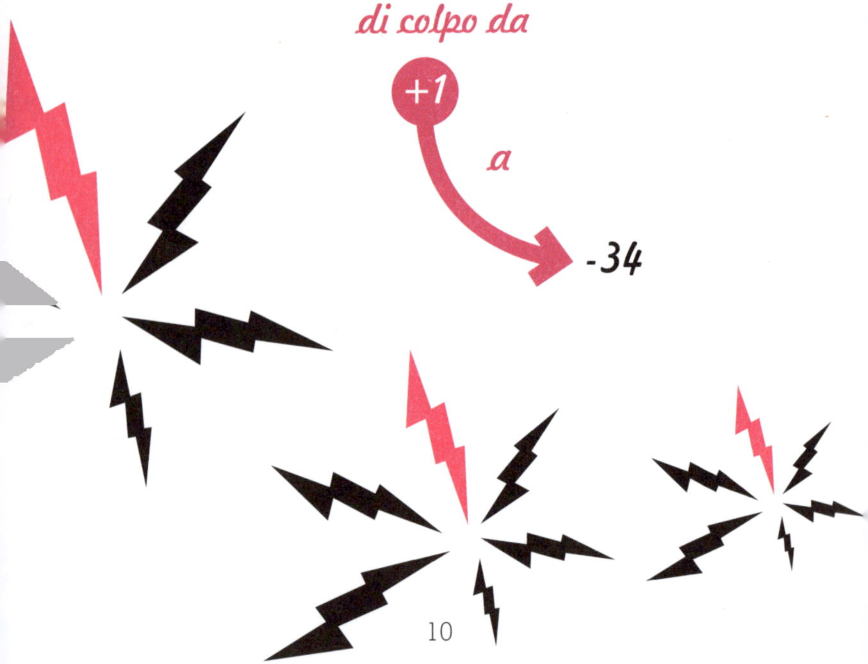

come tutti i friendzonati del mondo, entrai in modalità zerbino e andai a parlarle. Laura sembrava interessata, diceva che era carino.

Così, i miei ultimi giorni delle medie passarono con il mio compagno di banco che, a ricreazione, andava a fare lo splendido con la mia amica dall'altra parte della classe.

Come rodevo. Poi, lei friendzonò lui e si mise con un altro e, per me, fu una piccola consolazione. Finite le medie terminò anche il mio rapporto con Davide, il mio primo friendzoner.

In fondo, non si era comportato male. Mi aveva dato una batosta ma la colpa era soprattutto mia, che vedevo cuoricini e fiorellini dove, invece, c'era una persona che si comportava solo come un amico. Scherzava con me, mi faceva sentire partecipe. Con lui, per la prima volta, non mi ero sentita un pesce fuor d'acqua e questo aveva fatto scattare in me qualcosa.

La lettera che mi scrisse un ragazzo
che ho friendzonato.
Ebbene sì, è toccato farlo
anche a me!

Quell'esperienza fu fondamentale per farmi capire una delle cose più importanti della vita: non tutto è come appare.

Se ridi e scherzi con una persona, se riesci a percepire un certo feeling quando sei con lei, se inizia a batterti il cuore e pensi continuamente a cosa stia facendo, mangiando, odorando, a quale cartaccia lungo la strada stia calpestando, non è detto che lo stia facendo anche lei con te. Per l'altra persona potresti essere solo un amico. Un maledettissimo, inutile e tenero amico! Come scoprirlo? Facendosi avanti e strappando il cerotto. Rischioso? Sì, ma non immaginate quanto tempo avrei risparmiato dietro inutili film chiamati amicizie ma che, nel profondo, speravo sarebbero diventate infuocate storie d'amore alla *Tre metri sopra il cielo*. Già immaginavo dove attaccare il lucchetto. Disagio.

Dopo questa prima batosta, decisi che non sarebbe più dovuto accadere. Non avrei mai più dovuto provare quella sensazione.

A volte capitava, mentre passeggiavo con le mie amiche, che qualche ragazzo ci fermasse per stringerci la mano e conoscerci. Spesso, senza trattenere una risata ma con faccia spavalda ci chiedevano: «Scusate, possiamo conoscerci?» Forse fa ridere, ma 10 anni fa non c'era Facebook.

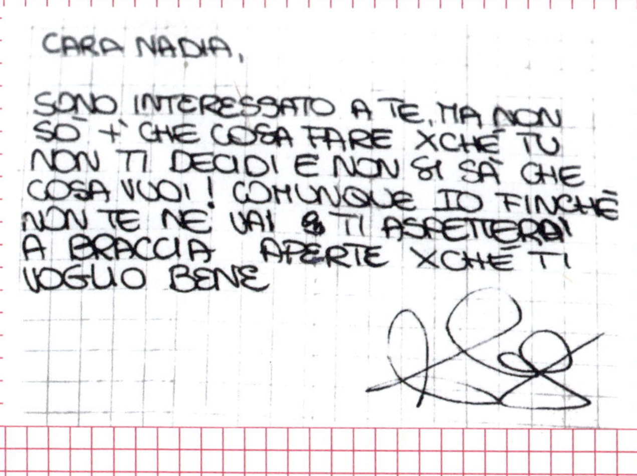
CARA NADIA,

SONO INTERESSATO A TE, MA NON
SO + CHE COSA FARE XCHÉ TU
NON TI DECIDI E NON SI SÀ CHE
COSA VUOI! COMUNQUE IO FINCHÈ
NON TE NE VAI TI ASPETTERÒ
A BRACCIA APERTE XCHÉ TI
VOGLIO BENE

Non potevi ritrovare il tizio che ti aveva colpito durante una festa o mentre ballavi in discoteca il sabato prima. Non potevi scorrere le foto degli «amici degli amici» per trovarne uno interessante e chiedergli l'amicizia. Prima, o prendevi la palla al balzo e facevi conoscenza dal vivo oppure, probabilmente, non l'avresti più rivisto. Quante volte ho conosciuto persone interessanti ma, magari, non c'era una confidenza tale da scambiarsi i numeri di cellulare e ci si perdeva di vista, per poi ritrovarsi quando si era già fidanzati con qualcun altro. Con Facebook, invece, sarebbe bastato un click, una chiacchierata in chat e il gioco era fatto. Insomma, con i social network di oggi è tutto più semplice.

Ma, da brava adolescente dei primi anni Duemila, non posso non avere un pizzico di nostalgia nel ripensare a quel:

Non ditemi di non essere mai rimasti delusi da una

persona conosciuta online e poi incontrata dal vivo.

«Scusami, ci possiamo conoscere?» Avevi un immediato contatto con la persona che ti era di fronte, riuscivi a immaginare che tipo di carattere avesse dall'intensità della stretta di mano, da come ti guardava. Insomma, riuscivi presto a farti un'idea o, perlomeno, a capire se poteva interessarti o meno. Aveva un senso dire: «A pelle, non mi piace!»

Oggi, invece, ci capita di usare questo modo di dire anche per persone conosciute sul web con cui semplicemente chattiamo per qualche minuto o di cui leggiamo lo stato su Facebook. Ci facciamo un'idea di quella persona senza nemmeno aver mai ascoltato il suono della sua voce, senza aver mai visto l'espressione che ha quando sorride o se gesticola mentre parla.

«Friendzoniamo» qualcuno solo perché non ha una foto profilo particolarmente bella o se reputiamo da «sfigati» il post che ha pubblicato. Come se da uno schermo riuscissimo a percepirne l'essenza.

Non facciamocene una colpa, è il mondo in cui viviamo che, evolvendosi, ci ha portati a cambiare il nostro approccio con chi ci circonda. Ma, ogni tanto, dovremmo cercare di ricordare che dietro uno schermo possiamo essere chiunque scegliamo di diventare.

Avevo un'amica, conosciuta online, che sul web era una vera dura. Senza peli sulla lingua, nulla sembrava toccare la sua incredibile forza interiore. Quando la incontrai dal

vivo, facevo fatica a riconoscerla. Timida fino all'inverosimile, di poche parole. Quella grinta si era magicamente dissolta. Un'altra persona.

Lo schermo ci protegge ma, se vogliamo, ci trasforma. Ecco perché è stupido giudicare una persona senza averla mai realmente conosciuta. Ci sono tante cose che non scriveremmo mai, né su Facebook né su WhatsApp ma che, faccia a faccia, ci faremmo innocentemente sfuggire. Esperienze di vita, ricordi, speranze, che con la persona giusta vengono fuori come un fiume in piena davanti a un caffè o a una birra. E il suono della voce, le smorfie sul viso, lo sguardo, condiscono tutto di verità.

Non ditemi di non essere mai rimasti delusi da una persona conosciuta online e che, poi, avete incontrato dal vivo. Magari la immaginavate più alta, magari più simpatica. Il fascino non è una cosa da social network e non si vede da una foto profilo. Il fascino è quella cosa che nasconde tutti i difetti e fa apparire quella persona irresistibile e carismatica ai nostri occhi.

Ecco perché il web è potentissimo. Può farci vivere esperienze bellissime, farci conoscere gente dall'altra parte del mondo, farci rimanere in contatto con chi amiamo. Ma può anche farci perdere tante opportunità ed emozioni con persone che avrebbero potuto arricchire la nostra vita ma che abbiamo scelto di «friendzonare» in base al numero di amici su Facebook.

Se dal mio piccolo posso darvi un consiglio, scegliete sempre di arricchirvi.

2

CI SENTIAMO SU WHATSAPP

Alzi la mano chi si ricorda della Christmas Card. Per chi aveva il cellulare nei primi anni Duemila, la Christmas Card era un sogno, una specie di miracolo. Arrivava, appunto, prima di Natale e ti dava la possibilità di inviare fino a cento sms gratis al giorno. Sì, perché a quei tempi l'unica chat che potevamo permetterci via cellulare erano gli sms e ogni messaggio costava dieci centesimi. Immaginate di pagare dieci centesimi per ogni messaggio che mandate durante la giornata. Dieci centesimi per ogni mail, per ogni messaggio su Facebook o su WhatsApp. Un tempo, questa era la normalità! E la Christmas Card era una specie di carnevale, un momento dove valeva tutto, dove potevi mandare sms con scritto solo «sì» o «no», erano giorni in cui le ore di scuola passavano molto più in fretta e sentivi un sacco di gente con cui non parlavi da mesi.

Poi, per il resto dell'anno, comunicare non era così facile. Quel maledetto credito finiva sempre troppo in fretta, le ricariche non bastavano mai e la nostra unica risorsa per sentirci in contatto con il mondo erano gli squilli, le chiamate senza risposta. Uno squillo poteva voler dire tante cose: era un «come va?» oppure un «ti penso» o, ancora, «sbrigati a scendere che sono qui che ti aspetto e sto morendo di freddo».

Insomma, a quei tempi non potevi parlare con dieci persone al giorno e se qualcuno era lontano, era lontano davvero. L'amicizia si coltivava in un modo diverso.

Ricordo i miei tredici anni. In quel periodo non avevo nemmeno il cellulare.

Ricordo i miei tredici anni. In quel periodo non avevo nemmeno il cellulare. Era estate e io ero in vacanza con i miei genitori in un villaggio turistico della Calabria.

Come in tutti i villaggi, c'erano i programmi di animazione e, quell'anno, entravo per la prima volta nello junior club. Ogni mattina andavo al raduno del gruppo e, come al solito, ero la più timida. Questa mia caratteristica non mi piaceva, così dicevo a me stessa: «Ma tanto, chi mi conosce!» e mi lanciavo. Fu così che conobbi Francesca.

> *Con lei parlavo tranquillamente, c'era un bel feeling e mi faceva stare bene.*

Era una ragazzina della mia età che riuscì a mettermi subito a mio agio. Con lei parlavo tranquillamente, c'era un bel feeling e mi faceva stare bene. Così, da quel primo giorno e per tutta la vacanza, siamo sempre state appiccicate: attività insieme, spiaggia insieme, spettacolini insieme.

Era un'amicizia fresca, qualcosa di completamente diverso dalla mia vita «normale», quella che avevo in Puglia. Lei era del Nord Italia e sapevo che, purtroppo, non l'avrei più rivista. Nonostante questo, in quelle due settimane siamo state amiche per la pelle. Ci confidavamo, parlavamo di tutto: scuola, amori, famiglia. Avevamo appena finito le scuole medie e, quindi, condividevamo idee, paure, progetti per il futuro.

E non solo. Quell'estate diedi il mio primo bacio (quello che ho raccontato in uno dei miei video). Francesca ha vissuto tutto questo con me.

Passate quelle due bellissime settimane era arrivato il momento di partire e tornare alle nostre vite, ma non volevamo separarci. Mentre facevamo le valigie piangevamo disperate, così decidemmo che non dovevamo perderci. Ci scambiammo gli indirizzi e i numeri di telefono. Lei mi diede quello del cellulare e io le scrissi il numero di casa.

Rientrata nella mia città, la prima cosa che feci fu chiamarla. Presi il cordless e mi chiusi in camera. I miei se ne accorsero e mi chiesero se stessi chiamando un numero fisso. Risposi di sì. Fu la prima di una lunga serie di bugie a tema telefonico, dove la domanda era sempre quella: «Stai chiamando un numero fisso? Lo sai che chiamare un cellulare costa un sacco di soldi, vero?» Sì mamma, certo mamma.

Io e Francesca parlavamo sempre, almeno due volte al giorno e, almeno, per venti minuti. Non mi chiedevo perché non potesse telefonarmi, tutto quello che mi diceva era che non aveva mai abbastanza credito.

Io e Francesca parlavamo sempre, almeno due volte al giorno, almeno per venti minuti.

Chiamavo sempre io, credendo che non costasse così tanto. Sinceramente, non pensavo molto ai soldi che spendevo, probabilmente perché non ne conoscevo ancora il valore. A volte ci sentivamo anche di notte, quando non riuscivo a dormire componevo sempre il suo numero. Parlavamo di scuola, di ragazzi. Uno dei principali argomenti di conversazione furono le mie chiamate con il ragazzo che avevo baciato quell'estate. O, per meglio dire, le telefonate che non riuscivo a fare, visto che dopo una chiacchierata con lui il suo numero risultò per sempre inattivo. Forse la sua scheda era finita distrutta, forse si era arruolato senza dirmi niente, chissà! Fu così che la nostra incredibile storia d'amore finì.

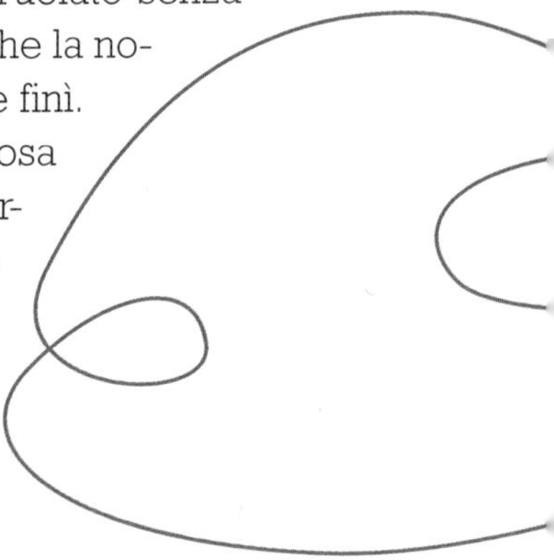

E finì anche settembre, cosa che portò a un altro evento: l'arrivo della bolletta. E fu lì che i nodi vennero al pettine. A fronte di un costo abituale di circa novantamila lire, quella volta la somma in bolletta era di cinquecentomila lire.

Una cifra stratosferica, galattica, capace di evocare le peggiori punizioni dell'universo. Fu così che, il primo passo dei miei genitori fu quello di togliermi totalmente l'uso del telefono, inserendo un codice segreto per poter chiamare. Nonostante i miei tentativi di hackerare il codice (inserii nell'ordine: data di nascita

A volte ci
sentivamo anche
la notte, quando
non riuscivo a dormire
componevo sempre il suo
numero. Parlavamo di
scuola, di ragazzi.

«Se ci tiene ti richiama.»

di mio padre, data di nascita di mia madre, data di matrimonio dei miei, mia data di nascita, numero civico di casa, numero di scarpe dei miei, poi ricominciai mettendo tutte le cifre al contrario), il risultato fu sempre lo stesso: codice non valido. Non avere più il telefono mi dava una sensazione strana, mi sentivo fuori dal mondo, i muri della mia cameretta sembravano più stretti. Era come se un pezzo della mia vita, di colpo, non esistesse più. La mia amica era scomparsa, non potevo più sentirla. Lei tentò di chiamarmi una volta, ma ero fuori casa. Fu mia madre a dirmelo. Quella volta le chiesi se potevo richiamarla, ma rifiutò. «Se ci tiene ti richiama», mi disse. Ma Francesca non richiamò. Fu lì che capii che mia madre aveva ragione

Ma Francesca non richiamò.

e che, forse, quella ragazza non teneva tantissimo a me. Così, a causa di questa e altre successive esperienze, decisi che l'amicizia non era tutto questo granché. Lo vedevo come un sentimento sopravvalutato, che aveva più a che fare con l'egoismo che con l'altruismo o con la voglia di condividere la propria vita con un'altra persona. Un sentimento di cui si parla tanto, sul quale esistono una marea di luoghi comuni che, spesso, non sono nemmeno reali. Per me, per esempio, non è vero che l'amico si vede nel momento del bisogno. Può sembrare paradossale, ma è quasi più facile fare la «buona samaritana» della situazione che godere realmente della felicità altrui, senza farsi colpire dall'invidia. E non intendo quell'invidia sana che ti porta a migliorare o a fare qualcosa per te stesso, parlo di quel sentimento che ti allontana da chi pensavi di amare, solo perché ti ricorda ciò che tu non sei riuscito a fare.

E poi, quante amicizie sono finite dopo che una delle due persone si fidanzava? Insomma, molte volte l'amicizia mi è sembrata più un antidoto contro la solitudine che altro.

Ma, dopo anni, la vita mi ha fatto ricredere. Mi ha fatto scoprire che la vera amicizia può esistere,

Può sembrare strano
ma adoro sorprendermi,
anche in maniera brusca.

mi ha fatto incontrare una persona, la mia persona (solo i fan di *Grey's Anatomy* capiranno)!

È sempre bello quando riesci a sorprenderti di qualcosa, quando ciò che credevi non potesse più accadere arriva e rimescola completamente le tue convinzioni. Come quando, ogni domenica mattina, mia madre spalancava le finestre della mia camera chiedendomi di alzarmi dal letto. La luce e i rumori della strada entravano bruscamente dalle persiane aperte e io rimanevo in stato di shock per interi minuti chiedendomi: «Chi sono? Dove mi trovo? Sta accadendo davvero?» Può sembrare strano ma adoro sorprendermi, anche in maniera brusca.

Così è stato quando ho conosciuto Silvia. È un'altra youtuber, fa video con il nome di «missgerberina». Le nostre conversazioni sono iniziate fra i commenti dei video. Non mi ha scritto, come spesso capita, per chiedermi una collaborazione e ho capito subito che il suo era un approccio disinteressato. Così, poco dopo, ci siamo scambiate i numeri di cellulare e abbiamo iniziato a sentirci tramite WhatsApp. Giorno dopo giorno, un messaggio dopo l'altro, la nostra amicizia è cresciuta, naturalmente, senza pressioni o forzature. Silvia ha avuto la sensibilità e la delicatezza di entrare nel mio mondo in punta di piedi, di non essere mai invadente ma sempre presente.

Ho capito subito che il suo era un approccio disinteressato.

Insomma, mi sembra strano da scrivere, ma anche io posso dire di avere una «bff» ovvero una «best friend forever», come si dice oggi. Mi sem-

Io e missgerberina a Roma, periodo natalizio!

bra di vivere una seconda adolescenza, diversa dalla prima, sia per gli incontri che ho fatto sia per tutte le tecnologie che ho a disposizione rispetto al passato. Tecnologie che mi hanno permesso di incontrare una persona speciale come lei e di poterla conoscere meglio. I messaggi vocali di WhatsApp, per esempio, fanno ormai parte della mia giornata e ne sono contenta come non avrei mai immaginato.

La conversazione che nasce da questi messaggi può sembrare egoista e a senso unico, ma è tutto il contrario, perché hai il tempo di parlare tranquillamente e, la persona con cui ti senti, ha il tempo di ascoltarti quando ha qualche minuto libero da dedicarti, senza ansia o fretta.

Certo, parlare di fronte a un caffè con un'amica rimane sempre la cosa migliore del mondo ma, con una persona lontana, WhatsApp fa sentire molto più vicini. Ho la possibilità di tenermi in contatto con persone che non posso incontrare spesso. Come farei con Luciano che vive a Berlino o con Tommaso che si è trasferito a Roma?

Ed è questo che mi ha permesso di approfondire il rapporto con Silvia. E anche se un giorno, per qualsivoglia motivo dovessimo allontanarci, saprò comunque di averla conosciuta e che, quando pensavo non esistesse, in realtà non era ancora arrivata la persona giusta a spalancare quella «finestra» nella cameretta delle mie emozioni, sorprendendomi bruscamente.

3

CHE CI FACEVI ONLINE ALLE 2 DI NOTTE?!?

Chi non ama le torte al cioccolato? Quelle glassate, ripiene e con la panna in cima? A tutti piacciono, no? Però sono delizie da maneggiare con attenzione. Se ne mangiamo un pezzettino alla volta ci soddisfano, ma se ne facciamo fuori metà in poche ore potremmo passare la serata in bagno. Ecco, WhatsApp è esattamente come una gustosa torta al cioccolato. Anzi, è pure peggio.

È uno strumento che, se usato nel modo giusto, ci tiene in contatto con i nostri amici lontani, ci fa risparmiare sulle chiamate e ci fa comunicare rapidamente. Poi è ovvio, ad abusarne si rischia di finire risucchiati in un vortice di messaggi vocali, gruppi di amici di scuola, colleghi di lavoro, famigliari, e non avere più il tempo nemmeno di fare una chiacchierata faccia a faccia con una persona senza essere interrotti da notifiche continue.

Ma questo è niente.

WhatsApp è anche uno strumento di controllo formidabile, che può farci scoprire cose inaspettate sulle persone che ci circondano o che può far sì che tutti i nostri segreti vengano rivelati, a seconda dei punti di vista.

WhatsApp e le sue doppie spunte blu vedono tutto, registrano tutto, dicono tutto.

Il tradimento, per esempio. WhatsApp e Facebook sono diventati lo strumento migliore per chi ha voglia – diciamo così – di uscire per un momento dalla routine della propria relazione. WhatsApp e le sue doppie spunte blu vedono tutto, registrano tutto, dicono tutto. Io ne so qualcosa. Non perché abbia scoperto chissà quali tradimenti, intendiamoci. I miei ex ragazzi sono stati, quasi tutti, bravi a non farsi mai scoprire e ai tempi degli sms era tutto più facile. Bastava stare attenti quel poco che bastava: cancellare la cronologia delle chiamate, studiare quel numero a memoria senza metterlo in rubrica e buttare via gli sms.

Era così, bastava essere metodici, disinvolti e sempre sorridenti. A sedici anni ebbi la mia prima relazione seria, stavo con questo ragazzo da circa 12 mesi. È stato più o meno verso l'inizio del secondo anno che mi resi conto di non essere più innamorata. Lo capii perché un altro ragazzo iniziò a farmi la corte e io non gli rimasi per niente indifferente, anzi, ci cascai con tutti e due i piedi.

Dopo il tradimento, capii che l'altra storia era finita e decisi di chiuderla senza raccontargli ciò che era successo. Avrebbe avuto senso dirgli tutto, solo per farlo soffrire? O forse, sono stata solo un po' codarda, lo ammetto.

A una mia amica accadde una cosa molto simile, ma con due grandi differenze. La prima è che lei aveva ventisette anni e una storia piuttosto seria, di quelle dove i genitori si conoscono fra di loro, per intenderci. La seconda, molto più importante, è che WhatsApp era già stato inventato.

La storia iniziò una sera di dicembre, lo ricordo bene perché passai il Natale successivo a consolarla. Dopo aver augurato la buonanotte al suo fidanzato con un messaggino su WhatsApp, la mia amica si mise tranquillamente a dormire,

Avete presente quei sogni che

sembrano così reali

da terrorizzarci ancora,

nonostante l'incubo sia finito?

Non poteva essere
ancora sveglio a quell'ora.

come ogni sera. Verso le due di notte, si svegliò di soprassalto a causa di un incubo. Avete presente quei sogni che sembrano così reali da terrorizzarci ancora, nonostante l'incubo sia finito? Il suo fu uno di quelli e la prima cosa che fece per cercare di riprendere contatto con la realtà e allontanare la brutta sensazione che aveva addosso, fu quella di afferrare il cellulare e scrivere al suo ragazzo.

Ma l'incubo, quello vero, doveva ancora iniziare. Andando su WhatsApp, notò che il suo fidanzato era online in quel preciso istante. Stava per scrivergli qualcosa quando, all'improvviso, non risultò più connesso. Poi, pochi minuti dopo, tornò online. La prima cosa che la mia amica pensò fu che quello status fosse frutto di un piccolo problema dell'app anche perché, poche ore dopo, il suo ragazzo sarebbe dovuto andare a lavoro. Non poteva essere ancora sveglio a quell'ora.

Il giorno dopo, lo incontrò per un caffè e scherzando gli chiese: «Cosa ci facevi online alle 2 di notte?!?» La mia amica rideva ed era rilassata perché era davvero convinta fosse colpa di WhatsApp e dei suoi frequenti malfunzionamenti. Ma la risposta del suo fidanzato la lasciò perplessa. Non negò di essere stato online, ma le disse che aveva ricevuto un messaggio da un suo collega di lavoro. Questo fece seriamente insospettire la mia amica che iniziò a farsi domande del tipo: «Un messaggio in piena notte? Ma lui non era quello che spegneva sempre il cellulare prima di andare a letto?» La scusa non reggeva e, alla prima occasione utile, gli prese il cellulare di nascosto per controllare il suo account WhatsApp. Mentre lo faceva, mi confessò, non riusciva neanche a credere a quello che stava combinando.

Lei, che era stata sempre cristallina con il suo fidanzato, che non aveva mai avuto segreti né dubbi sul loro rapporto, stava controllando di nascosto i suoi messaggi. Ma, a volte, a pensar male si azzecca. E quello che trovò scorrendo le conversazioni le bastò, non solo per pensare di porre fine alla storia, ma soprattutto per meditare una vendetta.

C'era una lunga conversazione con un'altra ragazza, che durava da tempo. E non era una scappatella, era un vero e proprio rapporto d'amore parallelo. Quando lei pensava che il suo fidanzato fosse al lavoro o uscisse con gli amici, in realtà era insieme alla sua amante.

E leggendo i messaggi, la mia amica capì anche un'altra cosa: nemmeno questa seconda ragazza sapeva che lui era già impegnato. Insomma, era un doppio tradimento. Così, la mia amica annotò il numero di telefono della presunta amante segreta e la contattò privatamente, raccontandole quello che aveva scoperto. Come si aspettava, l'altra ragazza non era neanche lontanamente a conoscenza del fatto che la persona con cui si frequentava avesse già una ragazza. Fomentate dalla stessa rabbia, pensarono di allearsi per farla pagare al traditore.

Come tutti gli strumenti, dipende da come si usano. E come tutte le torte, dipende da quante fette se ne mangiano!

Una delle due diede appuntamento al ragazzo per il giorno successivo, ma all'incontro si presentarono entrambe. Immaginate la reazione di lui. Avrei pagato per assistere alla cosa e per vedere la faccia del bugiardo che, da quello che mi raccontò la mia amica, era completamente sconvolto e tentò di giustificarsi in tutti i modi, arrampicandosi su degli specchi alti come grattacieli.

Insomma, per questo ragazzo WhatsApp è stato davvero un falso amico. E in fondo, se vogliamo dirla tutta, la colpa non è stata di quest'app ma,

piuttosto, del suo comportamento. Dunque, come tutti gli strumenti, dipende da come si usano. E come tutte le torte, dipende da quante fette se ne mangiano!

Comunque, nessuna delle ragazze di questa storia rimase con quell'uomo. Anzi, adesso sono diventate ottime amiche. Da un rapporto malsano ne è nato un altro, sicuramente più sincero. In ogni situazione, è sempre possibile trovare il lato positivo, anche quando mai ce lo aspetteremmo. Ed è bello vivere i rapporti d'amore senza essere prevenuti e senza cattivi pensieri nei confronti di chi amiamo, ma se il nostro ragazzo o la nostra fidanzata sono ancora online alle due di notte, forse qualche domanda dovremmo porcela...

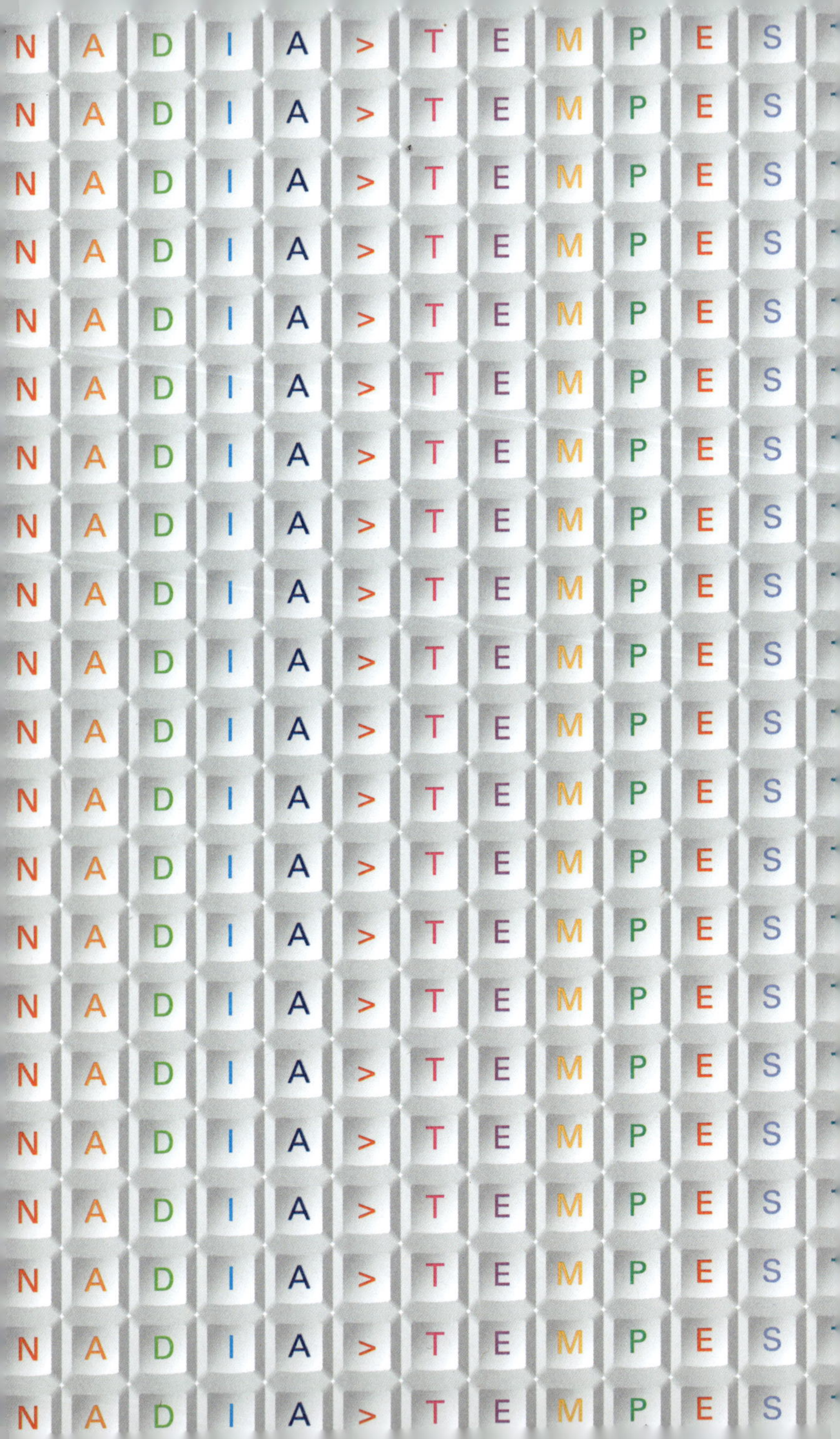
N A D I A > T E M P E S
N A D I A > T E M P E S
N A D I A > T E M P E S
N A D I A > T E M P E S
N A D I A > T E M P E S
N A D I A > T E M P E S
N A D I A > T E M P E S
N A D I A > T E M P E S
N A D I A > T E M P E S
N A D I A > T E M P E S
N A D I A > T E M P E S
N A D I A > T E M P E S
N A D I A > T E M P E S
N A D I A > T E M P E S
N A D I A > T E M P E S
N A D I A > T E M P E S
N A D I A > T E M P E S
N A D I A > T E M P E S
N A D I A > T E M P E S
N A D I A > T E M P E S
N A D I A > T E M P E S

4.

LEONI DA TASTIERA

Da piccola mi prendevano in giro per i miei capelli. Erano tantissimi e molto gonfi, impossibili da pettinare. In più, mia madre voleva che li tenessi abbastanza corti. Insomma, sembravo una specie di piccolo cespuglio disordinato. A scuola, intorno a me, vedevo le mie compagne di classe sempre perfette, mai un capello fuori posto o una camicetta sgualcita. Io ero sempre disordinata, era una cosa innata. Anche se mia madre perdeva ore a stirare le mie t-shirt, a me bastava metterle cinque minuti per stropicciarle. Mi sentivo inadeguata, fuori posto. Ad aggiungere disagio c'erano le battutine delle mie compagne di classe sui miei capelli e sul mio look. Non erano altro che commenti innocenti, al peggio piccole prese in giro, ma ogni volta mi sentivo colpita nel profondo.

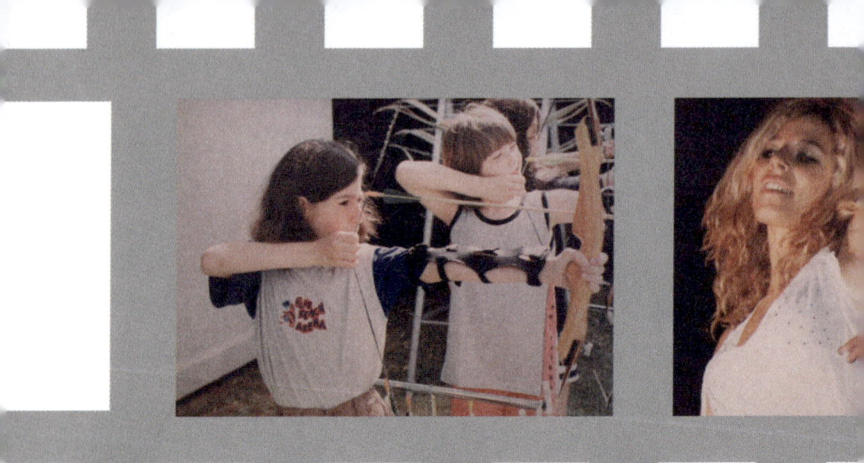

Ecco l'evoluzione del mio taglio di capelli negli anni.

Alla fine, ci feci l'abitudine e mi adeguai alla visione che gli altri avevano di me. Ogni mattina mi guardavo allo specchio per sistemarmi e pensavo: Vabbè, è inutile perder tempo, tanto i miei capelli saranno per sempre orribili. Non posso farci nulla.

Era più facile accettare e conformarsi all'opinione che gli altri avevano di me, piuttosto che impegnarmi per cambiarla. Ovviamente, il problema non erano i miei capelli. Il punto era che la mia autostima stava sotto zero.

L'autostima è una delle cose più difficili da conquistare nella propria vita. Serve lavorare su se stessi, abituarsi a non dare troppa importanza alle opinioni degli altri, cercare le cose positive di sé, senza ignorare quelle negative, ma semplicemente accettandole. Serve tanta esperienza. Ed è un

Tantissimi e molto gonfi, impossibili da pettinare...

lavoro che dobbiamo fare totalmente da soli. Ma, una volta ottenuta la fiducia in se stessi, sarà come aver vinto al superenalotto, anzi sarà pure meglio, perché avremo dentro di noi una forza inesauribile.

Attenzione però, non bisogna confondere l'autostima con la presunzione. La sicurezza in noi stessi ci rende solo più consapevoli dei nostri mezzi, delle nostre qualità. Ci spinge a non mollare alla prima difficoltà, a non permettere a nessuno di giudicarci e, contemporaneamente, a fregarcene quando qualcuno cerca di farlo. Ma ci rende, allo stesso tempo, consapevoli dei nostri limiti, dei nostri difetti e affamati di conoscenza. Perché senza desiderio di confronto con chi ci circonda non saremo mai delle persone sicure, ma solamente degli ottusi chiusi nel nostro guscio.

>

All'inizio, quando stiamo costruendo la nostra personalità, la sicurezza che otteniamo con tanti sforzi è molto facile da perdere. È qualcosa di incredibilmente delicato e più si è giovani, più è semplice distruggerla. A volte, è colpa di speranze disilluse o delusioni inaspettate. Altre volte, complici sono le persone. E non parlo di parenti, amici fidati o importanti conoscenze. Parlo di chi quasi non conosce il tuo nome e non sa nulla di te o della tua vita.

Oggi li chiamano «hater», anche quando non sono sul web. Un termine figo per definire i classici bulli che esistono da quando il Big Bang diede origine all'universo. Esseri umani (e scusate se non le chiamo persone) che, mancando di autostima, mirano a distruggere qualsiasi barlume di sicurezza

vedano negli altri. Personaggi che dieci anni fa si annidavano e si esibivano principalmente nelle scuole.

Io sono stata fortunata, non ho subito episodi di bullismo prolungato e da piccola questo fenomeno mi ha solo sfiorata. E meno male, perché ero una persona davvero insicura. Episodi di bullismo prolungato mi avrebbero fatto chiudere ancora di più. Sarei stata la vittima perfetta, una di quelle che si tengono tutto dentro, che non avrebbe detto niente ai genitori o ai professori. Parlarne non è facile come si pensa. Ci si sente deboli, incapaci di difendersi da soli. Si prova vergogna. Chiedere aiuto non è facile, perché pensi che questo ti renda ancora più debole.

Ricordo solo un episodio. Quattordici anni, prima superiore. Eravamo tutti in palestra, ora di educazione fisica. La nostra scuola superiore, un liceo classico, confinava con una scuola professionale. Era uno di quei giorni in cui dividevamo la palestra con due classi dell'altro istituto. Ero con le mie amiche, giocavamo a pallavolo.

A un certo punto, andai nel bagno degli spogliatoi e ci trovai tre ragazze più grandi di me. Non le conoscevo. «Sicuramente vengono dall'altro istituto», dissi fra me e me. Queste tipe non si distinguevano certo per l'eleganza e per il linguaggio. Sguardi cattivi, trucco pesante, zeppe, jeans aderenti e chewing gum in bocca. Non me ne curai e andai in bagno. Uscii dal bagno e una di loro mi fermò. Si rivolse a me in dialetto foggiano e, indicando la sua amica, mi disse qualcosa del tipo: «Come ti sei permessa di dirle che era una poco di buono?» Naturalmente non ha usato la parola «poco di buono», ma una parola molto più – diciamo – colorita. Comunque, io alla sua amica non avevo detto niente. La sua era solo una scusa per attaccarmi, per vedere la mia reazione. Aggrottai le sopracciglia e le dissi che non avevo fatto nulla. Avevo già avuto a che fare con personaggi del genere alle scuole medie e sapevo come comportarmi. Dovevo essere forte. Se avessero visto la paura nei miei occhi, sarebbe stato peggio. Così le risposi forte e chiaro, parlando in dialetto anch'io: «Che cavolo dici, te lo stai inventando», e poi aggiunsi: «E adesso me ne vado».

Feci per andarmene ma una di loro mi bloccò tenendomi per un braccio. Non feci in tempo a dire niente che l'altra mi tirò uno schiaffo in pieno volto. E poi, con lo sguardo duro: «Così impari a parlare in questo modo. Dopo ti prendo la faccia e te l'appiccico vicino al muro. Adesso vai che tanto ci vediamo fuori». E prima di lasciarmi andare, aggiunse ancora: «E guai a te se lo dici ai professori».

Uscii dagli spogliatoi totalmente sconvolta. Non mi aspettavo che sarebbero arrivate a tanto, in fondo eravamo dentro la scuola.

Ero terrorizzata e sicura che quello sarebbe stato solo l'inizio, già immaginavo quello che sarebbe successo all'uscita di scuola.

Ed è lì che feci la cosa che mi avrebbe salvata. Tornai al campo di pallavolo e ne parlai con le mie amiche, raccontai loro la scena e le feci promettere di non dire niente. Fortunatamente, loro non mi diedero retta. Qualche minuto dopo andarono dal mio professore e gliene parlarono. Lui venne da me e mi prese da parte. Poi, chiamò la professoressa dell'altra scuola e le disse di portare le due ragazze.

All'improvviso, intorno a me c'era un'aria da resa dei conti. Mi sembrava tutto stranissimo. Fino a un quarto d'ora prima quella era giusto un'altra noiosa giornata di scuola, con il relax di una partita di pallavolo con le amiche.

Adesso ero lì. Sentivo ancora il calore dello schiaffo sul volto, mi sembrava di essere capitata in una storia enorme. E io che volevo solo andare in bagno! Poco dopo, le tipe arrivarono di fronte a me. Una di loro aveva ancora il chewing gum in bocca. Il mio prof chiese alle due ragazze se la storia fosse vera ma, ovviamente, negarono tutto. Era la mia parola contro la loro e non sapevo cosa fare.

Anche i professori erano bloccati. A chi credere? A quel punto, una mia amica si mise di colpo in mezzo e disse: «C'ero anch'io. Nadia ha detto la verità». A quel punto, tutti credettero a noi.

> *Ed è lì che feci la cosa che mi avrebbe salvata. Tornai al campo di pallavolo e ne parlai con le mie amiche.*

Quelle ragazze restarono impassibili. Il mio prof le prese da parte per spiegar loro che non avevano idea di quello che avevano appena fatto. Stavano rischiando grosso, i

Alla fine, rendere la cosa pubblica mi aveva fortificata e aveva indebolito loro.

miei genitori avrebbero potuto denunciarle. Ed è a quel punto che sembrarono cadere dalle nuvole. Per loro era una cosa normalissima, che non avrebbe avuto conseguenze. Prima di lasciarle andare, il professore le guardò negli occhi per un'ultima volta: «E guai se veniamo a sapere che succede qualcosa dopo l'uscita da scuola. E adesso scusatevi».

E così fu. Si scusarono e se ne andarono ma, per me, la cosa non era affatto finita. Ero terrorizzata. Chi mi assicurava che non mi avrebbero aspettato all'uscita per mantenere la promessa fatta negli spogliatoi?

Quel giorno, le mie amiche mi accompagnarono fino all'autobus, per assicurarsi che salissi sana e salva. La storia sembrava finita lì. Ma prima che fossi del tutto tranquilla ci vollero settimane intere. Capii che non avevo motivo di temerle solo quando le incontrai di nuovo. Era mattina ed erano entrambe di fronte alla mia scuola. Dovevo passare accanto a loro, non potevo fare altre strade. Mi videro e, dopo un attimo, si girarono dall'altra parte evitandomi.

Da lì in poi, tutto tornò alla normalità.

Ancora oggi, penso che parlarne sia stata la cosa migliore. Alla fine, rendere la cosa pubblica mi aveva fortificata e aveva indebolito loro.

Non bisogna mai accettare questi soprusi. Perché i bulli nella vita ci saranno sempre e dobbiamo abituarci da subito a trattarli come meritano. C'è sempre qualcuno pronto a prevaricarti, ad approfittare delle tue esitazioni o delle tue debolezze.

E nel web può essere la stessa cosa, basta esporsi un minimo per essere presi di mira.

La differenza è che i bulli di oggi preferiscono nascondersi dietro schermo e tastiera.

Non bisogna mai accettare questi soprusi.

Una sorta di bullo 2.0 che non deve neanche più metterci la faccia, un'evoluzione agghiacciante. Si sentono come dei grandi e feroci leoni che, sotto il loro albero, scrutano il territorio e sono pronti a ruggire per suscitare paura. Quello che non sanno, in realtà, è che sono sì leoni ma non sono liberi. Tutt'altro.

Gli «hater» sono così, la loro soddisfazione personale dipende dalla vita delle loro prede.

Sono animali in gabbia. Come i leoni da circo, intrappolati nella loro prigione e sedati dalla loro stessa impotenza. A me fanno incredibilmente pena gli animali nei circhi, a voi no? Non è davvero triste sapere che ci sono persone che non riescono a vivere liberamente la loro vita, godendone appieno, ma sono condizionati da quella di altre persone?

Gli «hater» sono così, la loro soddisfazione personale dipende dalla vita delle loro prede. Dimostrano la loro forza attaccando quello che, in realtà, gli fa più paura: la felicità.

Sono i primi sostenitori del detto «mal comune, mezzo gaudio» perché se non riescono a essere felici loro, non devono esserlo neanche gli altri.

Ed è per questo che, a ogni persona che mi chiede come combattere questi leoni da tastiera, ho sempre risposto una cosa sola: «Ignorali».

La tua tristezza, la paura, la rabbia e la tua considerazione rappresentano il cibo di cui si nutrono. Se li ignori, togli loro il pane dai denti. A quel punto ti attaccheranno in gruppo, inventeranno storie assurde sul tuo conto, criticando la tua vita o il tuo aspetto fisico. Ed è qui che ti renderai conto di avere ciò che loro non avranno mai: la forza di fregartene. Insomma, se un tempo i bulli si battevano facendosi aiutare da amici o parenti, nel mondo del web è pure più facile: basta ignorarli.

Se li ignori, scompaiono. Perché le provocazioni rappresentano solo uno strumento per farti scendere al loro stesso bassissimo livello. Tu sei molto più in alto. Non perché sei più importante, ma semplicemente perché sai chi sei e l'odio non ti interessa, quello a cui ambisci è solo la positività.

Da quando ho aperto il mio canale YouTube, ho avuto a che fare con questo tipo di persone tantissime volte. Leggevo (e leggo tutt'ora) commenti di ogni genere, dove la frase più gentile è «fatti una vita». Sono messaggi di persone che ti prendono di mira solo per il gusto di farti del male. Persone che spacciano insulti per critiche costruttive, senza conoscere né il background della persona a cui si scrive, né tantomeno quello che fa davvero nella vita. La cosa ancor più assurda è che, spesso, si crede che a pronunciare queste frasi siano ragazzini. A volte è sicuramente così ma, in molti altri casi, gli autori sono delle persone over venti socialmente definite «adulti».

Perché un ragazzo, anche se incastrato in un'adolescenza difficile, serba ancora speranza nel futuro e in una vita che, crescendo, potrebbe migliorare. L'adulto ha, purtroppo, perso questa fiducia. Smette di sognare e si arrende all'evidenza. È, spesso, troppo pigro per cambiare la sua condizione e si riempie di cinismo. Quali condizioni migliori per iniziare a trascinare gli altri nel suo stesso oblio?

Imparate a sdrammatizzare, a riderci su. Ma, prima di tutto, imparate a conoscervi e a capire che quello che siete non potrà mai cambiarlo nessuno. Per tutti gli altri, ci sono le tastiere.

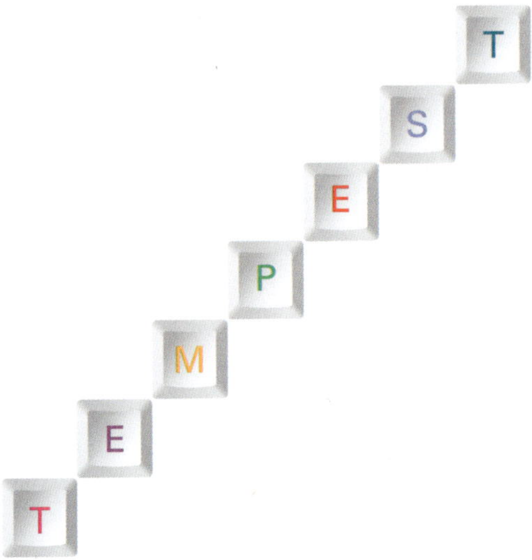

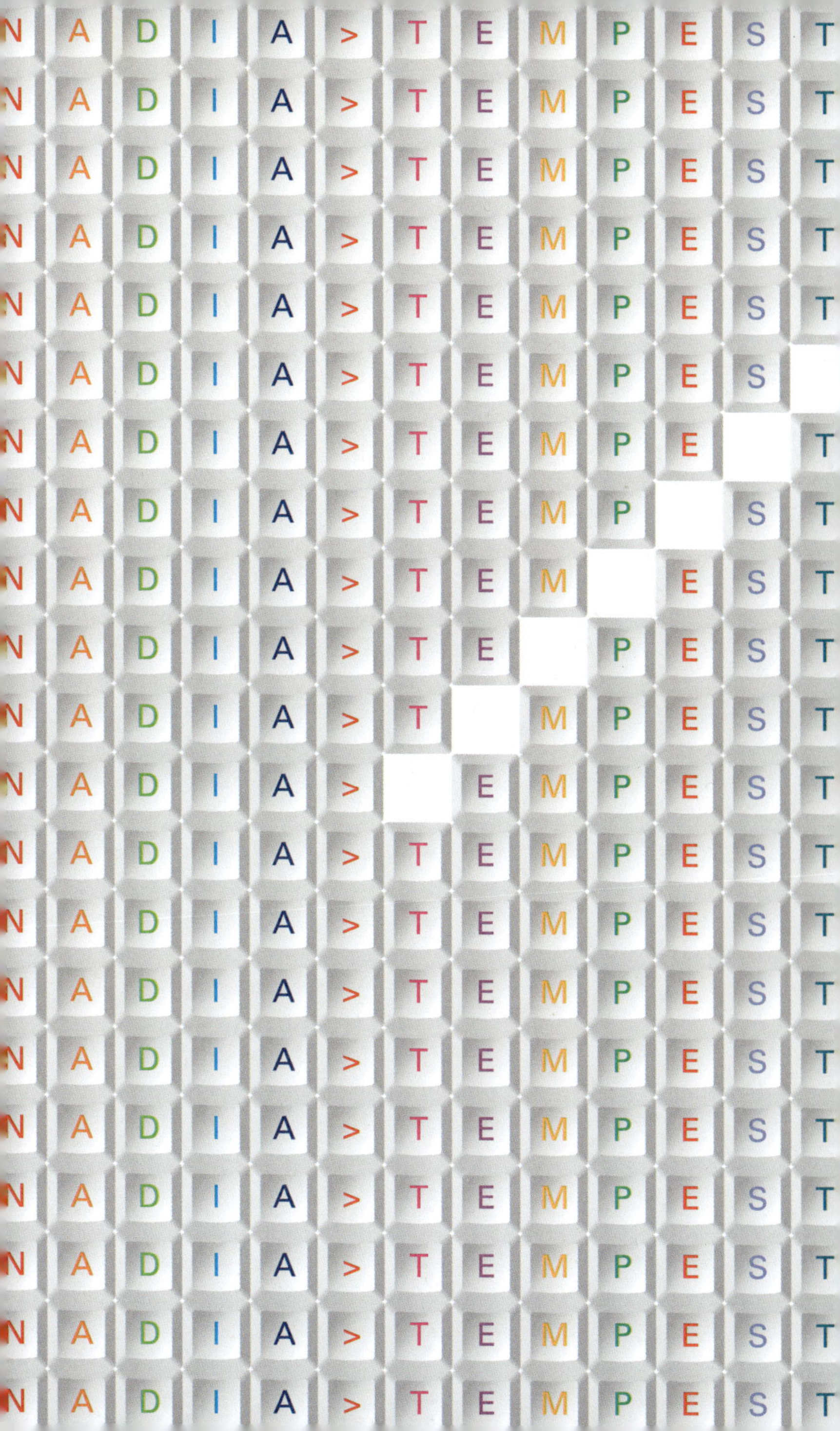

NADIA > TEMPEST
NADIA > TEMPEST
NADIA > TEMPEST
NADIA > TEMPEST
NADIA > TEMPEST
NADIA > TEMPES
NADIA > TEMPE T
NADIA > TEMP ST
NADIA > TEM EST
NADIA > TE PEST
NADIA > T MPEST
NADIA > EMPEST
NADIA > TEMPEST
NADIA > TEMPEST
NADIA > TEMPEST
NADIA > TEMPEST
NADIA > TEMPEST
NADIA > TEMPEST
NADIA > TEMPEST
NADIA > TEMPEST
NADIA > TEMPEST

5.

WHAT'S IN MY BAG

La borsa è il kit di sopravvivenza di ogni ragazza. È lo spazio della lotta continua fra cose da portare, peso e ingombro. Come se non bastasse, dal punto di vista estetico, è anche uno degli accessori più importanti in un outfit! Come delle piccole tartarughine, nella borsa portiamo una versione super ridotta di tutto quello che è indispensabile. Poi, ovviamente, ogni cosa può variare da persona a persona: c'è chi ci mette dentro il mondo e chi, invece, prende poche cose e via. Mi è sempre piaciuto pensare di essere una ragazza che porta con sé l'indispensabile però, poi, apro la mia borsa e ci trovo di tutto! L'altro giorno, mettendo in ordine tutte le mie cianfrusaglie, ho ritrovato una mia vecchia borsa dei tempi del liceo. Osservandola ho pensato a quante cose sono cambiate. Guardate un po' cosa metteva una ragazza nella sua borsa circa 10 anni fa e quello che c'è, invece, oggi!

"La borsa è il kit
di sopravvivenza
di ogni ragazza."

Contenuto della borsa di una ragazza 10 anni fa:

- Portafoglio
- Chiavi

Il portachiavi era più grande e ingombrante di tutto il mazzo di chiavi messo insieme

- Cellulare

Nokia 3310 o 3330. Se non giocavi a «Snake» nei tempi morti non eri nessuno

- Fazzoletti

Le più «fashion» li avevano sempre aromatizzati

- Rossetto

La marca non era importante, quel che contava era il colore

- Specchietto

Sempre sporchissimo e pieno di ditate

Bei tempi

- Qualche caramella

Le Rossana erano le più buone!

- Bottiglietta d'acqua

Per chi era fuori per molte ore

Contenuto della borsa di una ragazza oggi:

- **Portafoglio - Chiavi - Cellulare**

  iPhone, Samsung o altre marche. L'importante è che sia super ingombrante e con uno schermo gigante

  Fondamentale avere la giusta cover

- **Fazzoletti**

- **Una pochette con tutto il necessario per ritoccare un make-up completo**

  Cipria, blush, eye-liner, mascara, salviette anti-lucidità, balsamo labbra, una piccola palette di ombretti, rossetto. I brand più in voga sono sicuramente Kiko, Essence e Pupa

- **Forcine per capelli**

  In quantità industriali

- **Specchietto**

  Rigorosamente chiuso e con meno ditate possibili

- **Agenda**

  Non è importante ciò che realmente ci scrivi, se hai qualche appuntamento o meno. L'agenda fa figo. Punto

Entrambe sarebbe meglio

- Caramelle o chewing gum
- Gel mani disinfettante
  Perché, toccando i sedili del bus o le maniglie delle porte altrui, potremmo anche morire per qualche orribile infezione
- Bottiglietta d'acqua
- Barretta energetica o altro snack
  Abbiamo sempre bisogno di mangiucchiare qualcosa
- Scarpe di ricambio come delle ballerine basse comode
  I tacchi sono fashion ma dopo poche ore i nostri piedi iniziano ad augurarci le cose peggiori del mondo
- Mini size di profumo
  Nel caso iniziassimo all'improvviso a puzzare
- Cuffie per iPod o cellulare
  Più sono grosse e colorate, meglio è. La parola d'ordine è «ingombranti»
- Medicinali di uso comune per piccoli disturbi come mal di testa o mal di stomaco
  Non sia mai dovesse venirci un leggerissimo mal di testa o il nostro amatissimo ciclo mestruale mentre siamo in giro

6

OGGI SALTO LA SCUOLA

Il passaggio dalle medie alle superiori è stato parecchio traumatico. Quando avevo tredici anni ed ero in terza media, la mia testa era piena di episodi di *Beverly Hills 90210* e pensavo a questo passaggio come a qualcosa di mitico. I lunghi corridoi con gli armadietti (quei posti dove hai il colpo di fulmine o dove il ragazzo che ti piace ti invita a uscire con lui), le feste a cui mi avrebbero invitata, tutte le nuove persone che avrei incontrato e, più in generale, la fantastica possibilità di poter ricominciare da capo.

Certo, sapevo che avrei studiato di più, che le materie sarebbero state più difficili e i professori meno accondiscendenti, ma sapevo anche che sarei diventata adulta, che avrei iniziato a fare cose da grandi. O perlomeno, questo è quello che immaginavo. Quello che ancora non sapevo è che questo sarebbe stato solo un altro episodio della lunga serie intitolata «Aspettative vs Realtà», dove la vita reale distrugge sempre la fantasia.

Ora che sapete cosa immaginavo, vi racconto la realtà.

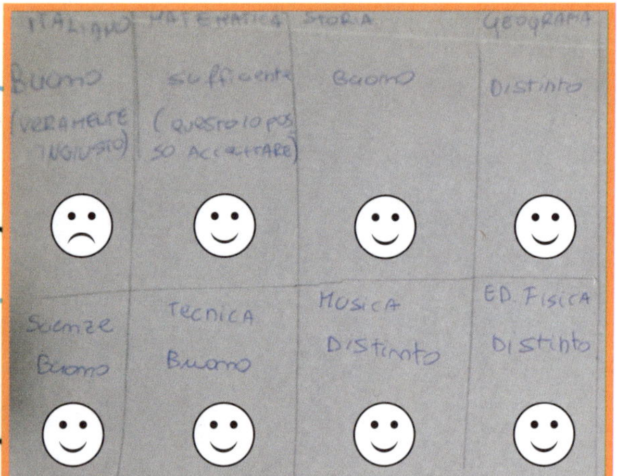

In questa pagina del mio diario c'è la trascrizione della mia pagella di terza media. Notare i miei commenti sotto i voti.

Feci la conoscenza dei miei due nuovi amici, quelli che mi avrebbero accompagnato fino alla quinta superiore: latino e greco.

Il primo giorno di scuola arrivai in ritardo: finii intrappolata in un labirinto di corridoi da cui pensavo non sarei mai uscita. Degli armadietti nemmeno l'ombra. Poi, con quell'ansia che ti prende dopo il suono della campanella, riuscii a sbagliare classe e subito dopo a versarmi l'aranciata sui pantaloni. Pantaloni rigorosamente bianchi, che avevo scelto, lavato e stirato da una settimana in vista del mio primo giorno di scuola.

E quello fu solo l'inizio. Da quel giorno, e per i sei mesi successivi, feci la conoscenza dei miei due nuovi amici, quelli che mi avrebbero accompagnata fino alla quinta superiore: latino e greco.

Furono loro a farmi passare dal «vado al liceo e spacco tutto» al «se non mi impegno ripeto l'anno e la mia vita sociale è finita».

E comunque, la mia vita sociale era finita lo

stesso: toccava studiare. Mi misi sotto di brutto, studiavo come una matta, mi facevo aiutare nelle materie che non mi andavano giù. Imparai il senso della parola «pazienza». Insomma, per tutto il primo quadrimestre ero stata un'alunna diligente e studiosa. Non certo una cima, ma nemmeno una da bocciatura.

Così arrivò febbraio, e poi marzo. Tutto sembrava scritto, tutto sembrava andare, almeno dal punto di vista scolastico, per il verso giusto. O perlomeno, il verso che avrebbe fatto contenta mia madre ai colloqui. Ma non avevo fatto i conti con il mio senso di ribellione che, all'arrivo della primavera, decise di impossessarsi completamente di me e di guidare le mie azioni. Questo senso di ribellione mi avrebbe inesorabilmente condotta a una delle più grandi punizioni che ancora oggi ricordi.

Ma procediamo per gradi.

L'inverno era stato spazzato via dalle bellissime giornate primaverili, avevo messo da parte

E in Puglia basta un raggio di sole un po' più caldo per farti venire una voglia irrefrenabile di andare al mare.

il cappotto pesante per indossare un giacchino di jeans decisamente più leggero, ogni mattina il sole illuminava la città. Sentivo i suoi raggi sulle mie guance. L'odore di camino che si avvertiva in strada fino a poche settimane prima era stato sostituito dal profumo dei fiori. Tutt'intorno, si sentivano gli starnuti delle persone allergiche al polline.

In una parola, primavera.

E in Puglia basta un raggio di sole un po' più caldo per farti venire una voglia irrefrenabile di andare al mare. Insomma, avete presente quando immaginate di essere già in spiaggia, ma subito dopo vi rendete conto che mancano ancora tre mesi alla fine della scuola e quel giorno avete il compito in

Questa è una delle foto che ho scattato quando
non andavo a scuola. Dovevo essere in classe,
invece ero in una cittadina di mare vicino a Foggia!

classe su Socrate? Avete provato anche voi una vaga sensazione di disagio mentre leggevate queste ultime due righe? Ecco, allora sapete perfettamente come mi sentivo all'epoca.

Così, in una di queste splendide giornate e mentre stavo andando a scuola, mi arrivò un sms dalla mia migliore amica. Mi scriveva che non voleva entrare a scuola perché non aveva studiato per il compito in classe e non poteva permettersi di prendere un brutto voto. Il fatto è che io avevo studiato. Il pomeriggio prima avevo addirittura spento il cellulare per evitare distrazioni, una cosa per me inusuale. Ma quando incontrai la mia amica nelle vicinanze della scuola, ci vollero più o meno trenta secondi per convincermi ad andare con lei e a saltare le lezioni.

Ci vollero più o meno trenta secondi per convincermi ad andare con lei e a saltare le lezioni.

Quella volta, e fu la prima di una lunga serie, provai una grande

...alla fine, dopo diversi tentativi, ci riuscii. E ci presi gusto. Quella volta andò tutto liscio, così capii che potevo rifarlo.

sensazione di libertà. Non avevamo spesso l'occasione di vedere la città di mattina: c'era una luce diversa e per noi in quel momento era tutto speciale. Le persone indaffarate, il traffico, i bar.

Passammo la mattinata in un parco nelle vicinanze dell'istituto, chiacchierammo, facemmo scherzi telefonici ai nostri amici e passammo un'intera ora a esercitarci per fare una buona copia della firma dei nostri genitori.

Già, perché il giorno dopo avremmo dovuto giustificare l'assenza ai professori e non potevamo permetterci di farci scoprire.

Dovete sapere che, a quei tempi, si poteva ancora marinare la scuola e farla franca. La scuola non mandava sms ai genitori e le pagelle venivano consegnate direttamente agli alunni, in formato cartaceo e da riportare firmate.

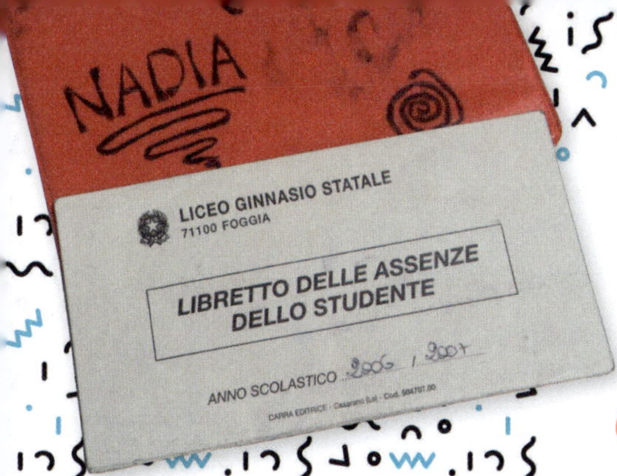

Uno dei famigerati libretti delle giustificazioni. Questo è quello del mio ultimo anno di liceo.

Non esisteva un sito a cui i genitori potevano collegarsi per vedere i voti del figlio. Erano i tempi dei falsari, di quelli che modificavano i voti in pagella e che si esercitavano a imitare la firma dei propri genitori.

Insomma, dieci anni fa, e forse anche di più, bastava essere bravi nel riprodurre l'autografo di nostra madre, nascondere bene il libretto delle giustificazioni dalla vista dei nostri genitori e il gioco era fatto. Nessuno sarebbe mai venuto a saperlo, a meno che non fosse stato proprio il genitore a indagare.

Ma torniamo al parco. Ero lì a fare la firma di mia madre. Era una roba parecchio difficile, piena di ghirigori e consonanti che sembravano vocali. Se non avessi già saputo come si chiamava, la sua firma sarebbe stata illeggibile. Ma alla fine, dopo diversi tentativi, ci riuscii. E ci presi gusto. Quella volta andò tutto liscio, così capii che potevo rifarlo. Era stato così facile ingannare i miei genitori e i professori che pensai di poterlo fare di nuovo. Così, marinare la scuola diventò una consuetudine. E attenzione, la questione non riguardava lo studio, non avevo paura di prendere brutti voti. In fin dei conti studiavo e non mi pesava neanche troppo ma, più che altro, era diventato un vizio.

Mi piaceva sedermi al parco ad ascoltare musica, sdraiata sul prato con le cuffie nelle orecchie. Incontravo i miei amici delle altre scuole e andavamo a fare colazione insieme, passando il tempo seduti ai tavolini del bar.

Una volta, presi anche il pullman per andare in una vicina città di mare a sedermi sulla spiaggia. Ricordo che arrivai e mi sdraiai sulla sabbia. Sentivo il tepore del sole, l'odore del mare e il rumore delle onde. Insomma, la sensazione di libertà che

Sentivo il tepore del sole, l'odore del mare e il rumore delle onde.

mi dava era fantastica. Così, una settimana dopo l'altra, le assenze si accumulavano e l'anno scolastico stava per finire. Miracolosamente, stava andando tutto liscio e nessuno sospettava nulla. I miei genitori erano tranquilli, avevo voti decenti e a me bastava.

Ma arriviamo a maggio. Una mattina, mentre ero in classe, passarono dei ragazzi con gli inviti per la festa del liceo di fine anno.

Dire che saltavo per i corridoi

«Domani è meglio

è dire poco, perché finalmente potevo fare una di quelle cose che avevo visto nei telefilm americani! Qualche mia aspettativa iniziale può essere soddisfatta, forse la realtà non è così crudele, pensavo. Con le mie amiche parlavamo già dell'outfit e di come sarebbe stato, ero euforica e non vedevo l'ora che arrivasse il giorno della festa. Mancavano ancora un paio di settimane e in classe non si parlava d'altro.

Ma ecco che avvenne l'impensabile. Pochi giorni dopo aver ricevuto l'attesissimo invito al ballo di fine anno, presi un gran bel raffreddore. Ero totalmente intasata, starnutivo ogni due secondi e mi salì anche la febbre.

Mia madre si rese conto del mio malessere e, dopo avermi toccato la fronte, mi disse: «Domani è meglio se non vai a scuola». Ero d'accordo, non mi sentivo affatto bene e avevo paura di stare ancora peggio compromettendo la mia presenza alla famosa festa.

se non vai a scuola.»

Ma da brava ingenua quattordicenne, per non dire «stupida imbecille», non avevo fatto i conti con il libretto delle giustificazioni.

Dopo un paio di giorni a letto, ero pronta a tornare a scuola e mia madre mi chiese il libretto per firmarmi la giustificazione.

Disagio, panico e paura. Non ci avevo pensato minimamente: quel libretto era pieno di firme false! Mentre andavo a prenderlo dalla cartella, mi passò tutta la vita davanti. Era la fine. Presi il libretto e glielo porsi, come si porge al boia la lettera che contiene la tua condanna a morte. Mia madre aprì il libretto e si accorse immediatamente di tutte le giustificazioni che non aveva mai firmato.

Disagio, panico e paura.

Vi risparmio le due ore di sgridate e sermoni apocalittici sulla responsabilità, sulla maturità e sulla fiducia. Passiamo direttamente alla punizione. Mia madre colpì proprio dov'era sicura che avrebbe fatto più male. Niente festa di fine anno. Col senno di poi capisco il suo intento, voleva farmi capire che certe cose sono sbagliate, ma lo fece nella maniera più dura. In quel momento avrei preferito morire, perché non privarmi delle uscite del sabato? Perché non togliermi il cellulare per un mese? Credo di averla davvero odiata. Era il primo anno di liceo, era la prima festa da adolescente. Festa che non avrei mai più vissuto. E così fu. Sperai fino all'ultimo in un ripensamento, in una grazia concessami per bontà divina.

Niente festa di fine anno!

Ma non ci fu nessuno sconto, trascorsi quella serata a casa. E passai le giornate successive all'evento nascondendomi da chiunque parlasse della festa, di come era stato, di quanto si era divertito. Le mie amiche ebbero anche l'accortezza di cambiare discorso quando mi avvicinavo.

Insomma, morale della favola: se credete che oggi la vostra scuola sia una prigione da cui è impossibile evadere, pensate a me e a quanto sarebbe stato meglio se un sms avesse avvisato i miei genitori in tempo. Sembra banale e stupido detto ora, non è stata la fine del mondo, ma in quel momento fu davvero un duro colpo. Avevo sognato quella festa così tanto che mi sembrava di averla già vissuta.

La verità viene sempre a galla prima o poi e, se avessi usato la testa, oggi avrei un bel ricordo in più.

Io e mia madre al mare

nel Gargano, in un posto

che si chiama Mattinata.

7

MIA MADRE È SU FACEBOOK!

Quando avevo quattordici anni tenevo un diario in cui scrivevo delle mie giornate, dei piccoli litigi con i miei genitori, delle mie amicizie e dei primi amori. Erano cose che consideravo private, ne parlavo con pochissime persone e, per questo, il mio diario era sempre ben nascosto. Lo infilavo nel cassetto della biancheria, lo coprivo con gli slip e le canottiere per evitare che qualcuno potesse trovarlo. Per essere sicura che nessuno lo leggesse, una volta ci misi anche un lucchetto. Il problema, come per tutti i lucchetti, è che persi la chiave e per aprirlo dovetti letteralmente scardinarlo, strappando anche qualche pezzetto di pagina.

Insomma, sono sempre stata una persona riservata. Al tempo stesso, per altre cose, riuscivo a essere incredibilmente spontanea e aperta. E negli

anni non sono cambiata. Per molti versi sono ancora quella ragazzina che mascherava certe emozioni ma che parlava apertamente di tanto altro.

La cosa buffa è che le mie amiche gestivano i loro sentimenti esattamente al contrario. Mi spiego meglio.

Ero una persona che parlava tranquillamente e senza vergogna delle proprie relazioni amorose, confidavo alle mie amiche anche i particolari più intimi e privati.

Ma avevo un enorme problema nel chiedere consigli e sfogarmi su delusioni o cose che toccavano la mia emotività.

Se avevo passato un brutta giornata in famiglia, se avevo litigato con mia madre per qualcosa che in quel momento reputavo davvero importante, me lo tenevo dentro. Le mie amiche, invece, parlavano di tutte le incomprensioni con i genitori, gliene dicevano letteralmente di tutti

Credo che mia madre abbia sempre saputo com'ero fatta.

i colori ma, se provavi a chiedergli dell'amore, sviavano il discorso finché non si sentivano pronte a parlarne. Insomma, avevamo due approcci completamente diversi.

Così, l'unica valvola di sfogo era il mio diario. Con lui non avevo paura di aprirmi totalmente. Scrivere mi aiutava anche a metabolizzare le emozioni. Per me, era una vera e propria terapia.

Credo che mia madre abbia sempre saputo com'ero fatta. Non parlavamo moltissimo, proprio per questo mio carattere introverso ma allo stesso tempo spontaneo e spigliato. Nonostante questo, a volte tentava di indagare, facendomi delle domande e cercando di farmi aprire su alcuni argomenti.

Ma io ero abilissima a sviare il discorso, e quando non mi andava di rispondere, alzavo semplicemente le spalle. Proprio per questo motivo, avevo paura che mia madre cercasse di leggere il mio diario per sapere se le nascondessi qualcosa di importante. Non era così ma, visto tutto quello che ci scrivevo, sarebbe stato incre-

dibilmente imbarazzante. Nell'epoca in cui non esistevano i cellulari e tanto meno i social network, i modi che un genitore aveva per conoscere meglio suo figlio erano essenzialmente tre: parlarci, seguirlo quando usciva o leggere il suo diario.

Certo, le ultime due soluzioni non sono esattamente ortodosse, ma penso che finché non si diventa genitori non si possano giudicare troppo le scelte che una madre o un padre fanno nell'intento di proteggere il proprio figlio.

Oggi, il nostro diario non sta più nel cassetto della biancheria. È online. Si chiama Facebook e sa tutto, sa cose di noi che nemmeno noi conosciamo. E chi scorre il nostro diario, impostazioni della privacy permettendo, scorre la nostra vita.

È normale, quindi, che quando la casella delle richieste di amicizia si illumina, e vediamo che a chiederci l'amicizia non è il ragazzo (o la ragazza) che ci piace ma – oddio – nostra madre, sentiamo un lunghissimo brivido dietro la schiena.

Certo, per me la cosa è arrivata un po' tardi. Oggi non ho amicizie da nascondere, non ho particolari foto da rendere private o uno status che non vorrei mai che lei leggesse. Ma devo dire che, per me, diventare amica di mia madre su Facebook è stato un passo importante.

È successo una sera di qualche mese fa. Ero nel letto a leggere gli stati dei miei amici sul cellulare, a ridere delle foto scattate alla festa della sera prima, con le mie facce assurde o le pose plastiche alla *I'm sexy and I know it* pubblicate per scherzo dalle mie amiche.

Diventare amica di mia madre su Facebook è stato un passo importante.

Insomma, ero lì a fare un emerito «nulla cosmico» come ogni sera prima di andare a dormire quando, all'improvviso, apparve una nuova richiesta d'amicizia. Cliccai per scoprire chi fosse e mi ritrovai di fronte la bella faccia di mia madre con un sorriso a novantaquattro denti, della serie «con una foto in cui si ride non si sbaglia mai».

La mia prima reazione fu una grossissima risata. La guardavo e non smettevo di ridere, chie-

I miei genitori in vacanza, quando erano più giovani.

dendomi: «Cavolo, ieri ha imparato ad accendere il pc e oggi è già su Facebook?» Non accettai subito la sua richiesta, andai prima a perlustrare la mia bacheca controllando di non aver pubblicato qualcosa di strano e, dopo essermi resa conto che era tutto ok, accettai la sua amicizia.

Qual è la prima cosa che si fa dopo aver accettato una richiesta? Si corre a spiare il suo profilo! O perlomeno, io faccio così. Se poi pensate che era quello di mia madre, la curiosità era tripla. «Tu vuoi leggere il mio diario, mamma? Bè, io voglio leggere il tuo!» Ma devo dire che, a parte qualche foto e qualche commento qua e là, non c'era tanto da spiare. Però, al tempo stesso, vederla lì era davvero strano. Fra il bianco e l'azzurro delle pagine di Facebook, non sembrava neanche più lei. Avete presente quando idealizzate una persona e non riuscireste mai a vederla in un'altra veste che non sia quella in cui l'avete sempre conosciuta?

Ecco, mia madre e un social network erano due cose che non avrei mai messo insieme, come i peperoni e la cioccolata.

Ma in fondo è normale. Per gli over cinquanta in generale il mondo della tecnologia ha seguito dapprima la strada del rifiuto totale, poi si è trasformato in una leggera curiosità e, infine, è diventato una passione sfrenata. E così, oggi, scrivo a mia madre tutti i giorni su WhatsApp! È una cosa che me la fa sentire vicina, che mi rende molto felice.

Forse lei non lo sa, ma mia madre per me è sempre stato un modello. Quando io e mio fratello eravamo piccoli, per cinque giorni a settimana era da sola perché mio padre lavorava a Roma e tornava solo per il weekend.

Così, a occuparsi di noi c'era solo lei. Lavorava e lavora tutt'ora in ospedale, è un'infermie-

Mia madre e un social network erano due cose che non avrei mai messo insieme, come i peperoni e la cioccolata.

ra. È sempre stata una gran lavoratrice e credo abbia sempre amato il suo lavoro.

Ma, con questo stile di vita, potete ben capire quanto fosse difficile per lei essere donna e mamma. Immagino tutte le scelte che ha dovuto fare, tutti i momenti difficili che ha dovuto affrontare. Ce l'ha fatta ugualmente e ne sono orgogliosa. Non so se ho preso da lei, lo scoprirò solo in futuro, ma in cuor mio lo spero.

Insomma, avere mia madre come amica su Facebook mi piace un sacco! Amo scriverle qualche messaggio in privato, mettere un mi piace o commentare sotto i suoi post. E non posso negare che sarebbe ancora più bello se, oltre ai commenti di mia madre, ci fossero anche quelli di mio padre. Ho pochi rimpianti nei suoi confronti, sono sincera. Prima che se ne andasse via per sempre, abbiamo avuto modo di sentirci davvero padre e figlia, di condividere emozioni vere e profonde.

Come dicevo, mio padre è sempre stato lontano. Era un ingegnere delle telecomunicazioni, si occupava di progettazione di reti telefoniche e, per questo, il suo lavoro lo portava a viaggiare in giro per l'Italia. Ha vissuto a Cagliari, a Milano, a Roma.

Ed è proprio nella capitale che abbiamo iniziato a vederci regolarmente. Fino a quel momento, vedevo mio padre solo nei fine settimana e con lui non avevo mai vissuto una quotidianità. È stato solo a vent'anni, quando ho deciso di trasferirmi a Roma per frequentare l'Università, che l'ho conosciuto davvero.

Ci vedevamo spesso, mangiavamo insieme e uscivamo. Ho scoperto la sua curiosità, la sua voglia di conoscere tutto e di confrontarsi su ogni argomento. Ho imparato ad apprezzarlo non solo come genitore, ma anche come uomo.

E infine, c'è anche un'altra persona che vorrei avere ancora come amico sui social: mio nonno.

E sono sicura che se fosse ancora qui, avrebbe anche un profilo Facebook. Dovete sapere che mio nonno era un tipo molto attivo, uno che si teneva sempre occupato, che si informava, faceva giardinaggio e usciva spesso.

Qualche tempo fa venne a sapere dei miei video su YouTube e si incuriosì tantissimo. Da notare che, in quel periodo, non lo sapeva nemmeno mia madre! Così mi chiamò e mi chiese di spiegargli

Io e mio nonno il giorno

del suo novantesimo compleanno.

quello che facevo. Gli dissi tutto, partendo proprio da zero, come si fa con i bambini: il computer, il mouse, internet e il modem, la possibilità di comunicare con tutto il mondo.

E poi gli parlai meglio di YouTube, dei video, dei commenti e dei like. Mi riempiva di domande, mi chiedeva come funzionasse, se mi vergognassi a girare video e a renderli pubblici.

Quando più o meno capì di cosa si trattava, mi chiese di mostrarglieli.

Gli piacquero così tanto che chiamò un suo vicino di casa e gli chiese di insegnargli a usare il computer. Così, alla veneranda età di novant'anni, mio nonno imparò a usare il pc e a navigare su internet! Assistito da un quaderno su cui annotava tutti i passaggi, aprì un account su YouTube e imparò a commentare e a mettere un pollice in su a ogni mio nuovo video. Insomma, da lì in poi mio nonno divenne il mio fan numero uno!

Era il suo modo per non rimanere indietro e per tenersi aggiornato ma, soprattutto, il suo modo per dirmi: «Ti voglio bene». È sempre stato un tipo di poche parole, non era una persona abituata a grandi dimostrazioni d'affetto. Ma in questo modo è riuscito materialmente a dimostrarmi e a farmi, ancor più, comprendere quanto poco contino le parole in confronto ai gesti fatti con il cuore.

Così, alla veneranda età di novant'anni, mio nonno imparò a usare il pc e a navigare su internet!

(8)

#DISAGIO

Se cercassimo sul dizionario la parola «disagio», troveremmo più o meno una definizione di questo tipo: «Mancanza di agi, di comodità o situazione incomoda».

Credo che tutti, prima o poi, ci siamo ritrovati in una condizione del genere, perché il disagio non risparmia nessuno. Sia chiaro, i veri disagi della vita sono ben altri! Ma al giorno d'oggi, nella prosperità in cui viviamo e di cui neanche ci rendiamo conto, tendiamo a utilizzare questa parola con più leggerezza. Quando ci sentiamo pesci fuor d'acqua, intrappolati in una conversazione che non vorremmo avere o quando vediamo cose che non vorremmo mai vedere, scatta immediatamente nella nostra mente l'hashtag #disagio.

Il disagio più grande per me oggi? La mancanza di connessione!

Il disagio più grande per me oggi? La mancanza di connessione! Non avere rete, non avere il wifi ed essere sconnessi, soprattutto in un momento della mia vita in cui il mio più grande hobby è sul web! Vi è mai capitato di avere problemi col modem, magari per colpa del vostro operatore telefonico, e di restare senza wifi per diverse ore (se non per giornate intere)?

Bè, se non è disagio quello!

Proprio in quelle ore, quando sei completamente sconnesso dal mondo intero, ti assalgono decine di dubbi. «Qual è la capitale del Guatemala?» «Cosa diceva il teorema di Euclide?» Avevi quell'aggiornamento di sistema da scaricare, quello che rinviavi sempre e che forse per il tuo smartphone era vitale. Temi che, per questo, il tuo telefono possa esplodere da un momento all'altro. Poi, vai su WhatsApp e immagini che in quel momento ci siano decine e decine di messaggi che aspettano una tua risposta. Amiche, gruppi che prima non guardavi mai, quelli di cui hai disattivato le notifiche. Magari, qualcuno di importante ti sta scrivendo. Quella persona sarà online in questo momento? Forse sto un po' esagerando, ma chi di noi non viene assalito da ansie e paranoie quando è senza connessione?

Insomma, il web, il wifi, il modem, il tablet e tutto il resto, fanno parte della nostra vita come il letto o il divano. Difficilmente riusciremmo a farne a meno, ammettiamolo.

Qualche tempo fa mi è successo pure di peggio. Il sistema elettrico del mio appartamento ha deciso di andare in corto circuito ed è saltato tutto.

Al disagio per mancanza di wifi si è aggiunto il disagio per mancanza di elettricità.

Una combo terrificante. Così, a tutte le ansie di sopra, se ne sono aggiunte altre: come faccio di notte? Come faccio senza tv? Come faccio a lavarmi? Come lo ricarico il cellulare? Il fatto è che non sapevo quando l'energia elettrica sarebbe tornata. Fra tutte le prese, gli interruttori e i fili della casa, si nascondeva qualcosa che mandava il sistema in tilt. Come trovarlo? Temevo che ci sarebbero voluto giorni. Già vedevo la mia casa sottosopra: muri distrutti, fili ovunque, scintille che escono dai lampadari. E poi, in un angolo ci sarei stata io, sporca, totalmente incapace di scrivere e di comunicare.

Ok, la smetto con l'horror. Fortunatamente, quella volta per trovare il colpevole non ci vollero settimane. Era una presa nascosta dietro la cucina.

Quell'esperienza mi fece capire bene una cosa: senza internet non posso più vivere.

Mi duole ammetterlo ma è così.

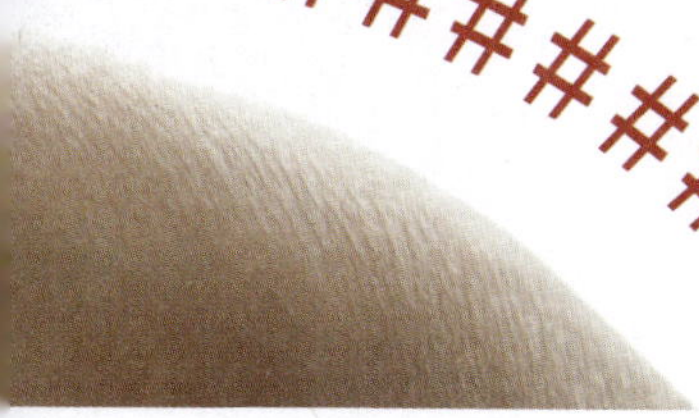

Tutti i miei passatempi preferiti sono online, dallo stare a casa a leggere le news fino a fare una passeggiata all'aria aperta con una playlist musicale di YouTube nelle orecchie.

Oggi, fortunatamente, se dico una cosa del genere non faccio più la figura della pazza, scollega-

ta da quella cosa che si chiama realtà. Non si pensa più alla rete come a qualcosa di alternativo alla vita reale ma, piuttosto, come a una cosa che l'affianca e l'accompagna, migliorandola.

A volte, non ci rendiamo conto di quanto siano diventate importanti molte cose della nostra quotidianità finché non vengono a mancare.

Cose piccolissime come la fotocamera del cellulare, per esempio. E non parlo della fotocamera sul retro del nostro smartphone, ma di quella frontale: la fotocamera dei selfie. E se dovesse rompersi? Ecco, non vogliamo chiamare disagio anche quello?

Ok, se mi conoscete almeno un po' avrete capito di cosa parlo.

La mia fotocamera aveva deciso di andarsene prematuramente e, se mi seguite sui social, saprete che c'è stato un periodo in cui pubblicavo un selfie

Avevo diciannove anni e quella era la mia prima videocamera. Ne ero totalmente dipendente, la portavo ovunque. Praticamente, ho iniziato a fare «vlog» delle mie giornate ancor prima che diventasse una moda sul web.

ogni eclissi di sole, rubando il cellulare a Pasquale e scattandomi una foto dal suo telefono. Quando ho raccontato questa situazione in un video sul mio canale YouTube, sono rimasta sorpresa dai commenti. Sapevo che certe persone fossero legate al proprio mondo virtuale, ma non mi ero mai resa conto di quanti non potessero vivere senza la fotocamera! Diciamolo, quella dai selfie è una forma di dipendenza mostruosa!

Diciamolo, quella dai selfie è una forma di dipendenza mostruosa!

Dieci anni fa, la parola disagio per me aveva tutto un altro significato. Una volta, a sedici anni, mi era capitato di uscire con una comitiva di ventenni. Per me era stupendo, stavo uscendo con i grandi! Mi sentivo una figa, mi guardavo intorno aspettando che passasse qualche ragazzina della mia età, magari a passeggio con la propria mamma. «Vedi ragazzina? Tu vai in giro con la mammina, io sono qui con i miei amici universitari.»

Ma il mio sogno, come sempre, si scontrò con la realtà. Ricordo i discorsi. Tra di loro parlavano del 28 preso all'ultimo esame o del fatto che fossero terribilmente indietro con gli studi. Altri parlavano di lavoro o, magari, dell'assicurazione della macchina da pagare prima della scadenza.

Erano argomenti totalmente fuori dal mio mondo e non sapevo assolutamente cosa dire a riguardo. Ero più silenziosa di un abete addobbato per Natale e i miei occhi erano come le luminarie: andavano a destra e a sinistra, si aprivano e si chiudevano. Piano piano, inesorabilmente, mi sentivo sempre più parte dell'arredamento urbano. Ascoltavo con più attenzione di quando ero a scuola, tentavo di dire qualcosa di intelligente. Ma, alla fine, stavo zitta e arrossivo senza un perché. Cercavo una scusa per andare via senza fare una figuraccia. Disagio, insomma.

E poi c'è la storia delle punizioni...
Era diventata una sfida:
più lei mi puniva, più io mi ribellavo.

E poi, c'è la storia delle punizioni.

Questa storia, di cui qui ho già accennato negli scorsi capitoli, potrebbe essere un libro a parte. Era una lotta fra me e mia madre. Io ero la figlia ribelle, indomabile, e mia madre il genio del male (scusa mamma!) che cercava il modo migliore per farmi capire che certe cose non si dovevano fare.

Era diventata una sfida: più lei mi puniva, più io mi ribellavo. Abbiamo già parlato della bolletta stratosferica e del blocco del telefono, di me che marinavo le lezioni e del fatto che non potei andare al ballo della scuola. E tutte le altre volte? Le volte che i colloqui con i professori andavano male, le volte che disobbedivo, le volte che facevo qualcosa che non avrei dovuto fare?

Beh, mia madre le provò tutte.

Prima mi tolse il cellulare, con tutte le conseguenze del caso. Niente sms, nessun contatto con le mie amiche. Ma, al tempo, quella non era una grande punizione perché c'era il telefono fisso, oppure vedevo le mie amiche a scuola.

Allora, mi tolse la PlayStation. E qui fu più dura. Non so se ve l'ho mai detto, ma a quei tempi ero una gamer. Non una di quelle da una partita ogni tanto, ero proprio un'appassionata. Passavo le ore su giochi come Crash Bandicoot, Spyro, The Sims, Tekken (conoscevo tutte le mosse speciali e picchiavo durissimo). Mi ricordo che un giorno, mentre giocavo proprio a Crash Bandicoot, mi si ruppe la memory card. Ero in un punto molto avanzato del gioco e non potevo assolutamente spegnere la console, pena la perdita di tutti i dati. Allora, lasciai tutto acceso durante la notte e l'indomani andai a comprare una

Passavo le ore su giochi come Crash Bandicoot, Spyro, The Sims, Tekken...

nuova memory card. Progressi salvati. Vi ho raccontato questa storiella per farvi capire quanto fossi fissata. Giocare mi dava un grande senso di libertà, per me era uno svago che mi permetteva di evadere.

E mia madre colpì anche lì: mi sequestrò la PlayStation. Ma, alla fine, riuscii a fare a meno anche di quella. Insomma, qualunque cosa mi sottraessero, riuscivo

E mia madre colpì anche lì: mi sequestrò la PlayStation.

sempre ad abituarmi e adattarmi. C'era solo una cosa che mi faceva male davvero.

E anche mia madre, dopo molto tempo, aveva iniziato a capire che l'unica vera punizione era quella di non farmi uscire il fine settimana. Per me, le uscite del weekend erano la cosa più importante, la più divertente. Ci pensavo già dal giovedì. Pensavo a cosa mettere, a dove sarei andata con le mie amiche e a quello che avremmo fatto. Per questo, quando sapevo che non sarei potuta uscire, tutto diventava di colpo noiosissimo.

E il peggio arrivava il sabato sera, quando stavo a casa e sapevo che in quel momento le mie amiche erano fuori a divertirsi. Tutto mi scocciava: la tv, la musica, perfino la PlayStation. Perdevo ogni interesse, pensavo agli altri in giro e avvertivo un fortissimo disagio.

...in quel momento le mie amiche erano fuori a divertirsi.

Nei giorni in cui ero costretta a stare a casa, spesso mi buttavo sul letto e iniziavo a fissare il soffitto, pensavo molto. L'ho rifatto quel giorno in cui sono stata a casa senza energia elettrica: ho collegato quei momenti e mi sono sentita quasi come se non fosse passata nemmeno un'ora.

Pensavo al fatto che, in questi anni, la mia vita è cambiata tantissimo ma il disagio è sempre la stessa cosa. In una parola: disconnessione. Un tempo lo sentivi quando eri costretta a restare a casa, oggi lo senti quando sei tagliato fuori dalla tua vita virtuale.

E ho capito una cosa ancora più importante: il disagio dipende da noi.

Siamo noi che gli diamo la forza per colpirci. E meno permettiamo a certe cose di essere indispensabili, più sarà facile andare avanti quando ci mancheranno.

Speriamo, allora, che non inventino mai una casa che si pulisce da sola perché, se si «rompesse», per me sarebbe davvero la fine!

#####################

#######################
#######################
#######################
#######################
#######################
#######################
#######################
#######################
#######################
#######################
#######################
#######################
#######################
#######################
###
#######################
#######################
#######################
#######################
#######################
#######################
#######################
#######################
#######################
#######################
#######################
#######################

9

SONO UNA FANGIRL!

Cosa vuol dire essere una fangirl oggi? Vuol dire seguire il proprio idolo su Twitter, scrivergli un messaggio privato su Facebook, essere aggiornata su ogni aspetto della sua vita. Guardare i suoi post sui social e sentirsi parte del suo mondo, quasi una sua amica. E certe volte, se sei davvero fortunata, la star può anche mettere un «mi piace» a un tuo post, può perfino ritwittarti. Insomma, oggi le star camminano in mezzo a noi, ci stanno vicino e abbiamo quasi la sensazione di poterle sfiorare ogni volta che vogliamo. Un tempo non era affatto così.

Le star sembravano degli dei irraggiungibili, vivevano nell'Olimpo. L'unico modo per vederli era comprare riviste su riviste o sperare che in televisione qualche programma parlasse di loro. Nient'altro. La fame di immagini e di notizie delle fan dell'epoca non era mai saziata. E io, a quei tempi, ero la più grande fangirl vivente. Credo che, nel garage di casa mia, ci siano ancora chili e chili di giornali, poster e foto di Leonardo DiCaprio.

Perché in quel periodo, l'idolo numero uno era lui. *Titanic* era appena uscito e la sua interpretazione da ragazzo innamorato che sacrifica la vita per la sua amata, aveva letteralmente conquistato milioni e milioni di fan in tutto il mondo. *Titanic*, la pellicola più costosa della storia (fino a quel momento), effetti speciali mai visti, una montagna di Oscar, record battuti uno dopo l'altro. Insomma, non un film, ma IL film. Io e le mie amiche eravamo fissate, facevamo a gara a chi conosceva più cose su Leo, era quasi una questione personale. Dal canto mio, avevo pile di quadernoni tappezzati di ritagli di giornale e fotografie stampate dal computer. Non mi sfuggiva nulla. Dovevo sapere tutto e avere tutto quello che riguardasse la mia star del cuore.

Pensavo che se avessi saputo ogni cosa di lui, forse mi sarei sentita più vicina al personaggio irraggiungibile che veneravo. La mia cameretta era letteralmente ricoperta di suoi poster. Quei suoi occhi chiari, i capelli e i suoi lineamenti dolci mi facevano impazzire. Avevo anche un poster enorme di Leo, era più o meno alto quanto me e lo tenevo accanto alla porta della mia stanza. Era il mio poster preferito. Ogni giorno lo guardavo ed era come avere un piccolo Leo lì, nella mia stanza. A quel poster è legata anche una storia particolare. Successe che un giorno, dopo la scuola, tornai a casa e il poster era scomparso. Era caduto? Qualcuno poteva averlo preso? Ma chi? Forse mia madre era diventata, anche lei, una fan di Leonardo DiCaprio? No, impossibile. Decisi di chiedere a mio padre che, non senza esitazione, mi confessò di averlo preso. Sbalordita, gli chiesi il mo-

Io e le mie amiche eravamo fissate, facevamo a gara a chi conosceva più cose su Leo.

...il mio poster di Leo fu murato nel salotto!

tivo e, soprattutto, dove fosse il mio adorato Leo alto un metro e mezzo. Lui, con grande tranquillità, mi disse che l'aveva dato a un operaio che quella mattina, a casa nostra, aveva costruito un muretto per la sala da pranzo. Il muro era alto proprio quanto il poster ed era perfetto per far presa con il cemento. In breve, il mio poster di Leo fu murato nel salotto! Se qualcuno, un giorno, vorrà andare a cercarlo lo troverà ancora lì, giovane e bellissimo, protetto dagli sfregi del tempo. Comunque, non parlai a mio padre per tre giorni. L'aveva fatto senza cattiveria, in fondo la mia stanza era piena di poster, che differenza poteva fare uno in più o uno in meno? Ma, in quel momento, mi arrabbiai così tanto che si sentì in colpa e mi diede i soldi per comprare altre tre riviste. Ma, il poster di Leo a grandezza (quasi) naturale, non lo trovai più.

Crescendo, la mia ossessione per Leonardo DiCaprio si fece da parte per dare spazio alla «Spice Girls mania». Quanto le amavo! Ancora oggi riascolto qualche loro successo e lo canto a squarciagola come se il tempo non fosse mai passato. Chi non ricorda *Wannabe* e chi non si è mai commosso ascoltando *Viva*

Forever, il loro ultimo singolo prima dell'addio di Geri Halliwell? Sicuramente, chi non ha vissuto quei tempi non capirà di cosa sto parlando, ma rapportate il tutto a oggi e al vostro infinito amore per il gruppo o il cantante che adorate. Credetemi, alla fine non è cambiato nulla. Passano gli anni e, verso il mio diciottesimo compleanno, la mia vita da fangirl fu segnata da una grande svolta. Era l'epoca di Myspace, una sorta di Facebook però più «figo». Un social network che ti permetteva di avere una pagina solo tua da riempire di foto, post e video sempre in primo piano. Bastava andare sul profilo di un utente per capire subito quali gusti musicali avesse o quali fossero i suoi hobby. Ed è proprio su Myspace che iniziarono ad apparire le prime pagine gestite dalle music star più famose del momento.

...gli Europe, storica rock band svedese, quelli

Dieci anni fa ero hard rock dipendente. Se ve lo state chiedendo sì, sono passata dalle Spice Girls ai Guns'n'Roses. Comunque, durante i miei giri online mi ritrovai sulla pagina di uno dei chitarristi che amavo di più: Kee Marcello. Aveva suonato con gli Europe, storica rock band svedese, quelli di *The Final Countdown*. Per me, era uno dei mostri sacri del rock. Non chiedetemi perché, ma decisi di aprire una pagina Myspace dedicata interamente a lui. Una fanpage con tutti i suoi video, i suoi pezzi e foto a non finire. Avevo curato personalmente la sua biografia, il layout della pagi-

di «The Final Countdown».

Un grande cimelio. Il biglietto del mio primo vero concerto: gli Europe.

na era totalmente personalizzato e pensato nei minimi dettagli. Ovviamente, gli chiesi anche l'amicizia su Myspace. Quando l'accettò, iniziai a saltare sul letto come una bambina e rischiai di slogarmi una caviglia. Ero troppo felice. Nei giorni che seguirono, mi inviò anche una mail ringraziandomi del lavoro che svolgevo per sostenerlo e mi invitò alla sua successiva data italiana. Era come un sogno, ero super emozionata. La data era a Roma e mi ricordo che presi il treno e ci andai da sola. Nella capitale, incontrai il mio amico Luca che mi accompagnò al con-

*Ci godemmo la serata
dalla prima all'ultima nota
musicale e, infine,
lo incontrammo nel backstage.*

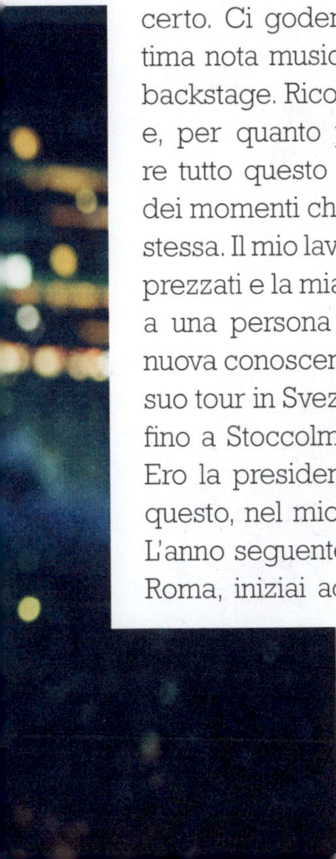

certo. Ci godemmo la serata dalla prima all'ultima nota musicale e, infine, lo incontrammo nel backstage. Ricorderò quel momento per sempre e, per quanto possa sembrare sciocco scrivere tutto questo a distanza di anni, quello fu uno dei momenti che fecero crescere la fiducia in me stessa. Il mio lavoro, il mio impegno erano stati apprezzati e la mia ricompensa fu stringere la mano a una persona che stimavo moltissimo. Questa nuova conoscenza mi permise anche di seguire il suo tour in Svezia. Con alcuni amici, viaggiammo fino a Stoccolma per riprovare quelle emozioni. Ero la presidentessa del suo fanclub ufficiale e questo, nel mio piccolo, mi riempiva d'orgoglio. L'anno seguente, quando già vivevo e studiavo a Roma, iniziai addirittura a lavorare con lui, contrattando con alcuni locali italiani per vendere i suoi show e trattenendo una percentuale per ogni data presa. Insomma, era diventato un vero e proprio lavoro e, devo ammetterlo, non ero niente male. Perché, fondamentalmente, lo facevo con passione. E poi viaggiavo spesso, era fantastico. Ma non finì lì. Tutto questo mi portò a collaborare con un'agenzia che seguiva vari artisti. Mi ritrovai, addirittura, a essere la tour manager di Virgil Donati, un grande batterista. Girammo

Il biglietto per il concerto di Virgil Donati, con la scritta ALL AREAS!

insieme mezza Italia, amavo quel lavoro. Poi la vita, come al solito, ti mette davanti a delle scelte. Da una parte c'era Roma, il mio lavoro da tour manager e la mia collaborazione con un giornale sportivo della città. Erano tutti sogni che si stavano avverando: fuggire dalla cittadina dove sono cresciuta, ritagliarmi uno spazio nel mondo del giornalismo e collaborare con le star che ho sempre amato.
Dall'altra parte c'era la mia città natale, con mia madre che dopo la morte di mio padre era di colpo rimasta sola e una persona speciale con cui avevo iniziato una relazione.

Quella stessa persona, qualche anno dopo, sarebbe diventato mio marito. Insomma, avete capito. Seguii il mio cuore e decisi di tornare nella mia città. E non fu una scelta facile, tutt'altro. Fu una decisione molto sofferta ma, oggi, so di aver fatto la scelta giusta e non me ne sono mai pentita. Prima o poi, tutto cambia ma quello che resterà per sempre immutato sarà il ricordo, saranno le emozioni e le esperienze che feci in quegli anni.

Ok, forse mi sono spinta troppo in là con i ricordi ma mi faceva piacere condividerli con voi per raccontarvi quanto non rimpianga i vecchi tempi delle star idealizzate come dei dell'Olimpo. Secondo me, non c'è paragone con i giorni d'oggi. Un rapporto più umano con i nostri «idoli» ci aiuta a tenere i piedi per terra e a sognare senza demoralizzarci troppo. Certo, la maggior parte delle volte saranno sempre persone irraggiungibili, ma almeno sappiamo che respirano, mangiano e vanno anche in bagno! Sono umani, come noi. Hanno dei sentimenti, come noi.

E, nonostante gli anni dell'adolescenza siano per me ormai conclusi, in onore dei vecchi ricordi e delle gigantesche emozioni provate, non smetterò mai di considerarmi una fangirl.

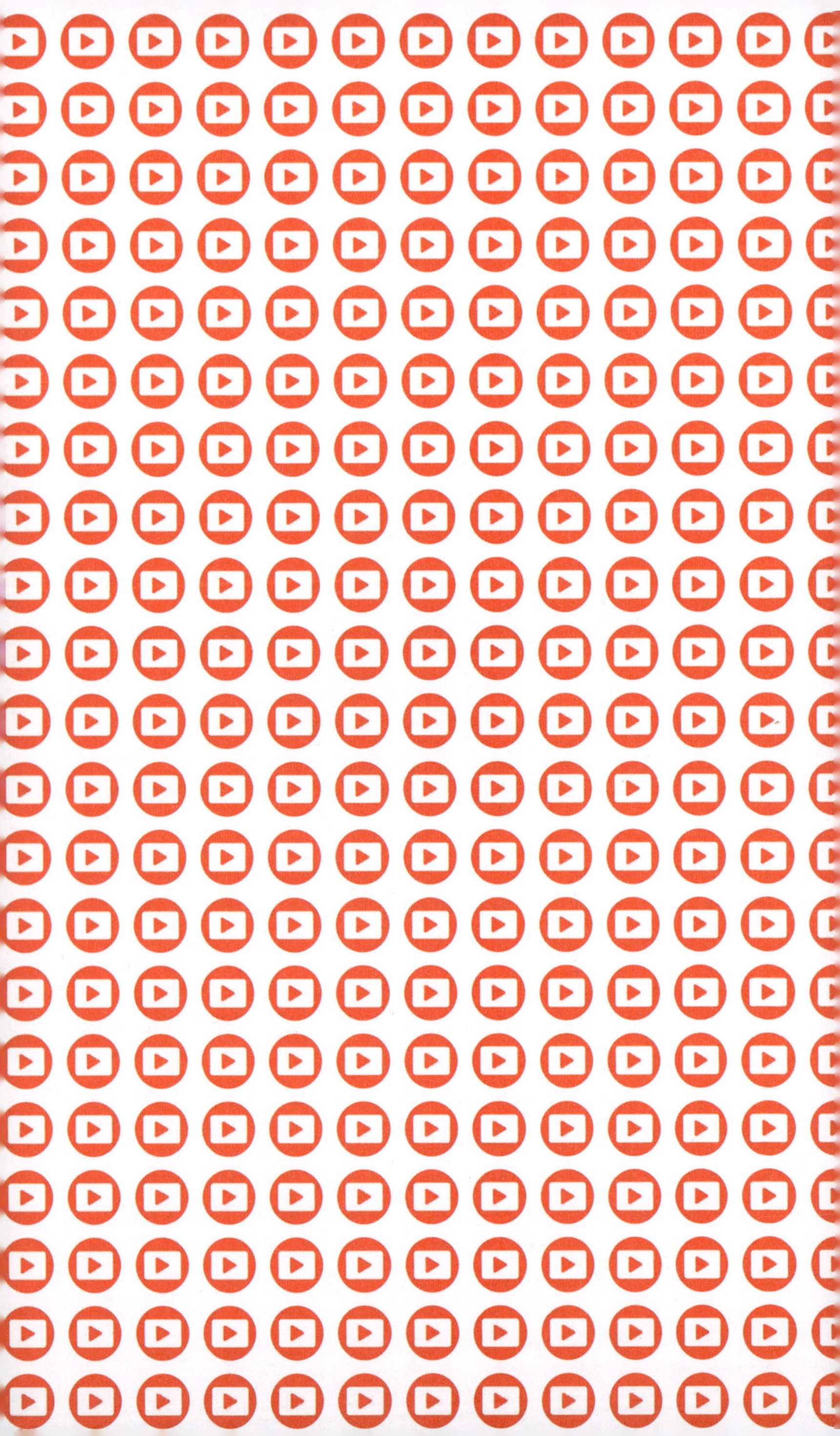

10

DA GRANDE VOGLIO FARE LA VLOGGER

Quando siamo piccoli ci è tutto molto chiaro. I giochi che ci divertono di più, i nostri cartoni animati preferiti, il cibo che amiamo e quello che proprio ci disgusta. E, la maggior parte delle volte, sappiamo anche rispondere con precisione alla domanda: «Cosa vuoi fare da grande?» Personalmente, la risposta che davo era sempre la stessa: «La giornalista». Adoravo guardare i telegiornali, non tanto per le notizie, ma per osservare chi li conduceva. Ero affascinata dal loro modo di parlare, di spiegare le notizie senza mai incartarsi con le parole, adoravo la maniera in cui tenevano in mano i fogli e giravano pagina per passare all'argomento successivo. Ne ero così incantata che, ogni tanto, creavo il mio piccolo Tg e lo conducevo, credendomi una piccola Lilli Gruber e scatenando gli applausi dei miei genitori che, in realtà, si divertivano tantissimo a vedermi così coinvolta in quei panni.

Poi cresci e ti rendi conto che non è tutto così semplice come sembra. Finiscono le elementari, poi le medie e le cose iniziano a complicarsi. Alle superiori si inizia a studiare sul serio. Cominci a crescere, inizi ad avere dubbi e a porti le prime domande: «Che ne sarà di me? Sarò felice?» Poi arriva il diploma e in un attimo ti ritrovi là fuori. Ti avevano detto che sarebbe stato fantastico, che potevi essere quello che volevi, che sarebbe bastato impegnarsi. Ma ecco che arrivano i primi fallimenti, le delusioni, gli errori. Cadi a terra e ti rialzi. Intanto,

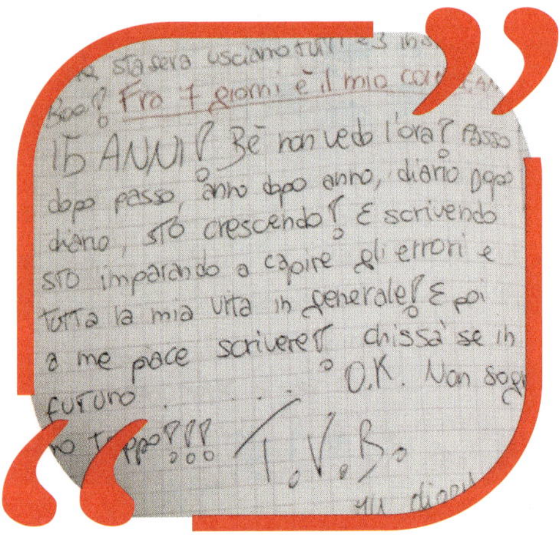

Un pezzo di diario con le mie aspettative per il futuro. E proprio qui scrivo: «E poi a me piace scrivere!

tutt'intorno a te le cose cambiano a corrono a una velocità incredibile. Quel modem che andava a 56k e che faceva quei suoni bizzarri per connettersi a internet è diventato un computer potentissimo che tieni in tasca. Nel frattempo, arriva una crisi come non se ne vedevano da decenni e centinaia di migliaia di posti di lavoro vengono spazzati via in un attimo. Il posto fisso non esiste più e il mondo del lavoro fa paura. Tutto fa un po' più paura.

Personalmente, sono caduta tante volte, ma ho imparato a rialzarmi, a darmi una scrollata e a ripartire. E poi, in fondo, la crisi è cambiamento, giusto? E da ogni cambiamento possono nascere

Chissà se in futuro...» Parlavo proprio di scrivere un libro. Ed eccoci qui!

tantissime nuove possibilità. Oggi, esistono lavori che fino a qualche anno fa erano totalmente inimmaginabili.

Per fare un esempio, forse sciocco ma efficace, mi viene da pensare alle fashion blogger. Prima, quando si volevano conoscere le tendenze in fatto di abbigliamento, i giornali di moda erano un vero e proprio punto di riferimento. Certo c'era la tv, ma tutto partiva dalla carta stampata. Mi ricordo che, con la mia amica, non perdevamo un numero di *Vogue*. Era la nostra Bibbia della moda. Ci piaceva sfogliarlo anche in classe durante il cambio dell'ora e, da lì, prendevamo spunti utili per gli acquisti futuri. Le modelle erano delle vere e proprie dee, meravigliose e irraggiungibili. Oggi le icone di stile sono loro, le fashion blogger. Ragazze sui vent'anni che potrebbero essere le nostre vicine di casa. E per loro la carta stampata non esiste più, basta aprire Instagram per guardare i loro outfit e copiarne il look. In fin dei conti, sono proprio loro che dettano le regole in fatto di moda e, anche chi afferma il contrario, non resiste alla tentazione di andare a spiare il loro profilo o dare un'occhiata al loro blog. Queste ragazze e ragazzi hanno fatto della loro passione un mestiere.

…da ogni
cambiamento
possono nascere
tantissime
nuove possibilità.

Cambiamento, dicevo, cambiamento e nuove occasioni che possono presentarsi ogni giorno. In questi anni ho fatto tantissimi lavori: dalla barista alla commessa, dalla cameriera all'organizzatrice di concerti, mettendoci sempre passione e non annoiandomi mai. Quando poi ho scoperto il web, mi ci sono buttata a capofitto. Le prime chat, Myspace, i primi video...

E infine, è arrivato YouTube e io

Internet mi ha permesso di realizzare tanti piccoli sogni che neanche sapevo di avere.

Con il tempo sono riuscita a lavorare come reporter sportiva per un'emittente della mia città e poi, grazie ad alcuni blog, sono riuscita a entrare in contatto con personalità autorevoli del mondo del giornalismo, che hanno apprezzato il mio lavoro e mi hanno permesso di realizzare interviste che anni prima non avrei neanche immaginato di fare. E infine, è arrivato YouTube e io sono diventata Nadia Tempest. Le cose più belle nascono sempre per gioco, senza grandi piani dietro e, questo, posso definirlo sicuramente il mio caso.

Fare video mi diverte, non avete idea di quanto mi diverta! Non ho mai avuto la presunzione di insegnare nulla a nessuno, semplicemente perché

sono diventata Nadia Tempest.

non ho nulla da insegnare. Accendo la videocamera e faccio sempre quello che mi intrattiene e mi fa sorridere, sperando di sortire lo stesso effetto in chi mi guarda. E adesso, pian piano, quello che prima per me era solo un hobby sta diventando un piccolo lavoro, che mi sta regalando enormi soddisfazioni e che mi permette di dire con orgoglio: «Guadagno facendo quello che più mi piace».

Quando vedo persone che mi dicono: «Vai a lavorare», mi dispiace che non capiscano. Non capiscono che quello del blogger o dello youtuber può essere anche un lavoro. Tanti ragionano ancora con la vecchia mentalità del posto fisso, che è sicuramente fra i più sicuri ma non è dietro l'angolo ad aspettarti! Una sorta di aspirazione alla Checco Zalone in cui si accettano solo i vecchi mestieri di una volta, condannando la creatività e l'inventiva di chi si è messo in gioco.

Quando parlo della mia esperienza con YouTube in tanti mi dicono: «Lo sai che non sarà per sempre, vero? Per quanto potrai continuare a fare un lavoro del genere?» L'unica cosa che mi viene da rispondere è che nulla è per sempre. Neanche lavorare in fabbrica o in un'azienda. Tutto potrebbe finire, prima o poi. La fabbrica potrebbe chiudere, l'azienda fallire e il negozio in cui hai lavorato per anni potrebbe licenziarti senza giusta causa o alla prima gravidanza. Persino le banche falliscono. È la società di oggi che ci sta metten-

> *I desideri sono importanti, anzi fondamentali.*

do nella condizione di stare sempre sul chi va là. È ovvio anche per me che, un giorno, tutto questo mio percorso potrebbe finire ma, intanto, mi godo il momento. E penso che un pezzettino di quella bambina che sognava di dire il telegiornale sia sempre stata lì e che sia venuta fuori nei panni di Nadia Tempest. Una bambina che non sognava di fare la youtuber, semplicemente perché YouTube non esisteva!

Insomma, quello che voglio dirvi è proprio questo. I desideri sono importanti, anzi fondamentali. Sono la nostra benzina, quello che ci fa alzare dal

letto tutte le mattine. Ma non lasciatevi imprigionare dai desideri, ricordate chi siete, abbiate sempre presente quello che volete ma non smettete di tenere gli occhi aperti e guardatevi sempre intorno. Cogliete le occasioni e mettetevi in gioco, anche se a volte vi sembra che quello che state facendo sia qualcosa che non avevate mai desiderato. Non fossilizzatevi, accettate il cambiamento come una cosa naturale.

Accettate il fallimento e la sconfitta, anche quelle sono cose naturali. Se ci metterete impegno, se non riposerete sugli allori, potrà solo andare bene. E se arriverà un imprevisto e le cose andranno male, rialzatevi. Non mollate. Continuate a sognare senza smettere di guardarvi intorno, non solo nel lavoro ma in ogni ambito della vostra esistenza. Quello che ho imparato in questi anni è proprio questo: avere i paraocchi è sempre un danno. Approfittate delle occasioni che la vita vi regala. Siate sereni e, soprattutto, ricordate che avete un'arma sempre pronta a proteggervi. È gratis, possono usarla tutti, non ha controindicazioni ed è la cosa più potente contro i giorni amari della vita: il vostro sorriso.

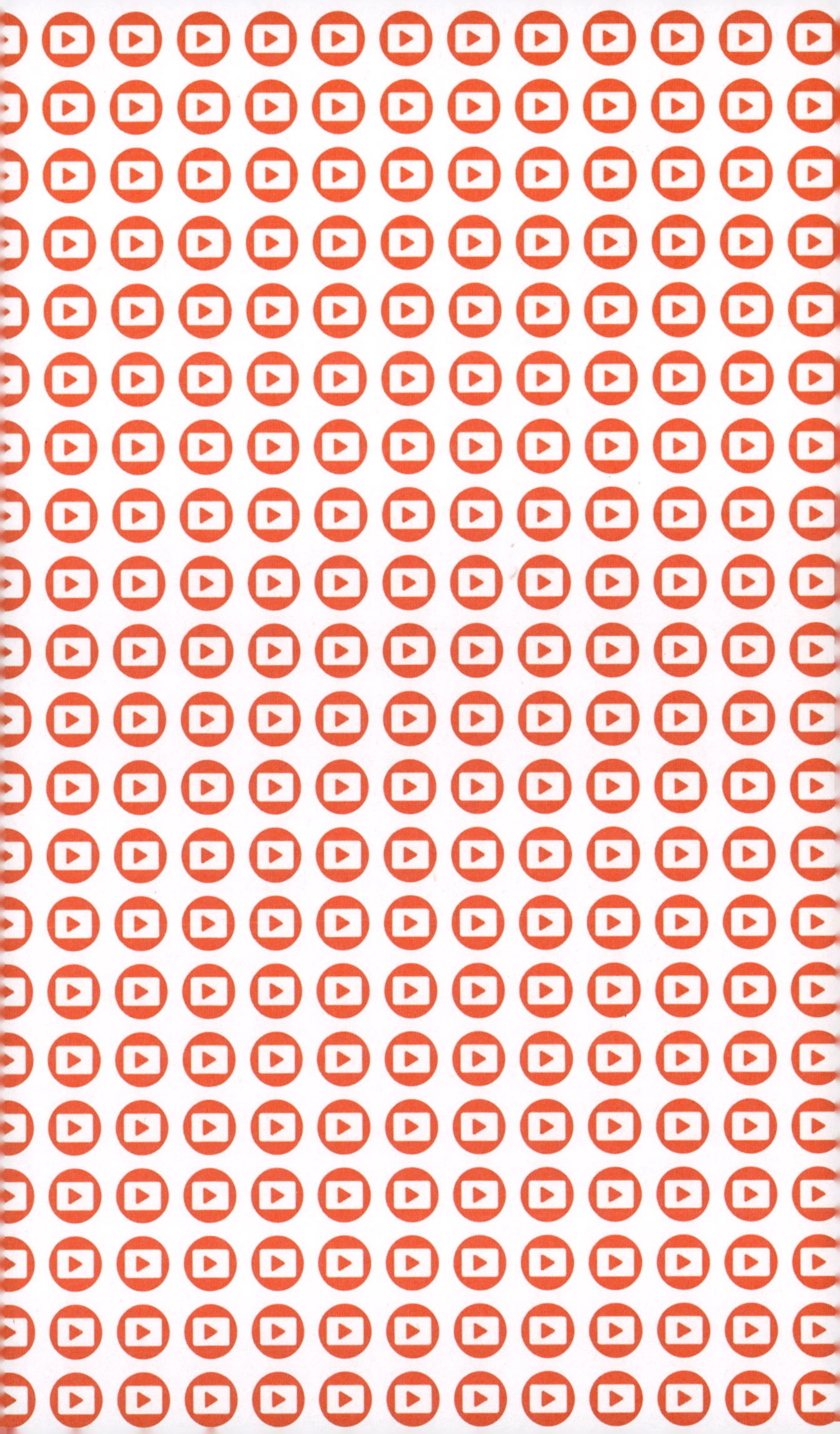

Insomma, quello che voglio dirvi è proprio questo.
I desideri sono importanti, anzi fondamentali. Sono la nostra benzina, quello che ci fa alzare dal letto tutte le mattine.

Scrivi qui i tuoi sogni, i tuoi desideri...